Ein Rundgang
durch das jüdische Heidelberg

# Ein Rundgang durch das jüdische Heidelberg

mit

MIRIAM MAGALL

Mit einem Vorwort
von Dr. MICHAEL HESSE,
Professor für Kunstgeschichte,
Universität Heidelberg

Universitätsverlag
WINTER
Heidelberg

Bibliografische Information Der Deutschen Bibliothek

Die Deutsche Bibliothek verzeichnet diese Publikation
in der Deutschen Nationalbibliografie;
detaillierte bibliografische Daten sind im Internet
über *http://dnb.ddb.de* abrufbar.

UMSCHLAGBILD

Blick in die Kippa der neuen Synagoge,
Aufnahme: Ya'ir. G. Magall

ISBN 3-8253-5173-4



Imprimé en Allemagne · Printed in Germany
Gesamtherstellung: Memminger MedienCentrum, 87700 Memmingen

Gedruckt auf umweltfreundlichem, chlorfrei gebleichtem
und alterungsbeständigem Papier

Den Verlag erreichen Sie im Internet unter:
www.winter-verlag-hd.de

Inhalt

# Vorwort

An einem schönen Heidelberger Sommertag hatte Miriam Magall mit uns, Kunsthistorikerinnen und Kunsthistoriker, einen ausgedehnten Spaziergang zu solchen Orten unternommen, die mit jüdischem Leben, mit jüdischer Geschichte, Kunst und Kultur verbunden sind. Vielen von uns vermittelte dies einen neuen Blick auf die vermeintlich vertraute, so eingehend erforschte und so oft beschriebene Stadt.

Zweifellos haben im heutigen Heidelberg die neue Synagoge mit Gemeindezentrum in der Weststadt oder das inzwischen zu einem eindringlichen Gedenkort gestaltete Areal der ehemaligen Synagoge in der Großen Mantelgasse eindrucksvolle Präsenz. Schon weniger bekannt und selbst von vielen Einheimischen kaum wahrgenommen ist aber zum Beispiel der Friedhof am Klingenteich. Unverzichtbar jedoch wird eine historisch kenntnisreiche, die Anschauung leitende Führung vor allem dann, wenn es gilt, Geschichte und Funktion von ausgelöschten oder inzwischen bis zur Unkenntlichkeit überformten Stätten zu vergegenwärtigen. So etwa am Ort der mittelalterlichen Synagoge in der Unteren Straße, wo nach der Vertreibung der Juden die Synagoge zur Marienkapelle der Universität geweiht wurde und heute ein Wohn- und Geschäftshaus steht.

Aus solchen Spaziergängen ist nun ein Buch entstanden, in welchem die Verfasserin ihr breites Wissen in übersichtlicher und gut zugänglicher Form verfügbar macht. Das Buch ist erkennbar mit Engagement geschrieben, lebendig und pointiert formuliert. Man wird es bei der wissenschaftlichen Arbeit am Schreibtisch konsultieren oder im Sessel lesen, am besten aber als Begleiter bei eigenen Erkundungen in der Stadt nutzen. In jedem Fall sind diesem Buch viele Leserinnen und Leser zu wünschen.

Professor Michael Hesse
Kunsthistorisches Institut der Universität Heidelberg

## Einleitung

Wir standen an einer Bushaltestelle im Zentrum von Jerusalem und warteten auf den Bus, der uns zur Knesseth bringen sollte, Israel Sipper und ich. Um die Zeit zu verkürzen, zitierte Israel die *Ilias* abwechselnd auf Altgriechisch und Hebräisch und wies nach, wie beide Sprachen in ihrer archaischen Form einander nahe stehen. Das war im Jahr 1972.

Israel war das Produkt einer, zumindest aus jüdischer Sicht, gelungenen Symbiose zwischen deutschem Bürgertum und religiösem Judentum, die zwischen den beiden Weltkriegen blühte. Er hatte ein deutsches Gymnasium besucht, alte Sprachen gelernt, daher sein gewandter Umgang mit Homers *Ilias* auch noch beinahe fünfzig Jahre später, und schickte sich, an, in seiner Heimatstadt Heidelberg, an der dortigen Universität, der ältesten Hochschule Deutschlands, sein Studium aufzunehmen, als er jäh brutal aus seinem Traum von Symbiose und Zukunft gerissen wurde. Rechtzeitig verließ er die Stadt und das Land, deren Kultur ihn unauslöschlich geprägt hatten, um ein neues Leben in einem damals, 1933, noch inexistenten jüdischen Staat zu beginnen. Familienangehörige, die seinem kühnen Beispiel nicht folgten, waren weitaus weniger glücklich als er: Sie wurden, da sie aus Polen stammten, in einer ersten Verfolgungswelle im Jahr 1938 bei Nacht und Nebel an die deutsch-polnische Grenze gebracht, irrten heimatlos zwischen den beiden Ländern, von denen keiner sie haben wollte, hin und her und erlitten Ghettoisierung und schließlich Ermordung in einem der vielen, von den Deutschen errichteten Todeslager im Osten. Kein Grabstein erinnert an ihre Existenz, ja, nicht einmal ein Totenschein beweist, dass sie je gelebt haben, bzw. dass sie gestorben sind.

Das steht wohl hinter dem hartnäckigen Schweigen, mit dem Israel Sipper allen Fragen nach seiner Familie und ihrem Schicksal begegnete.

Das Schicksal von Israel Sipper und seiner Familie kann als stellvertretend für das gespannte Verhältnis begriffen werden, das die Stadt Heidelberg und ihre Bewohner ihren jüdischen Mitbewohnern gegenüber im Verlauf von beinahe siebenhundert Jahren gemeinsamer Geschichte an den Tag legten. Natürlich war nicht alles schlecht und nicht alles nur Verfolgung während dieser Zeit. Es gab auch friedliche Intervalle, in denen man zwar nicht miteinander-, aber doch weitgehend unbehelligt nebeneinander lebte. Davon zeugen die öffentlichen jüdischen Einrichtungen wie Synagogen und Friedhöfe.

Drei Synagogen und drei jüdische Friedhöfe, zusätzlich zu mehreren provisorischen Gebeträumen in Privathäusern und einem ersten Friedhof, der schnellstens wieder aufgelöst wurde, gerade als er die ersten jüdischen Toten aufgenommen hatte und der deshalb kaum als ein solcher bezeichnet werden kann, hat es in Heidelberg im Laufe von ungefähr siebenhundert Jahren gegeben. Die ersten beiden Synagogen standen wenig länger als fünfzig bzw. sechzig Jahre unversehrt. Die dritte Synagoge ist erst seit 1994, also über fünfzig Jahre nach der Zerstörung der zweiten Synagoge, Sammelpunkt und Heimat für eine wachsende jüdische Gemeinde. Es ist ihr zu wünschen, dass ihr ein längeres Leben beschieden sein möge als ihren Vorgängerinnen. Das zu hoffen gibt die gewandelte Einstellung der Stadtväter bzw. Stadtmütter allen Anlass. Die Stadt Heidelberg bemüht sich sehr aktiv um Kontakte zu ihren ehemaligen jüdischen Mitbewohnern, sei es in Israel oder anderswo auf der Welt, lädt sie zu Besuchen in ihre ursprüngliche Heimatstadt ein und gibt sich Mühe, das Andenken der Deportierten und Getöteten zu bewahren, wovon an gegebener Stelle noch zu berichten sein wird.

Alles bisher Gesagte kann in mehreren, schon über jüdisches Leben in Heidelberg veröffentlichten Werken nachgelesen werden. Warum also noch ein Buch über dieses Thema? Die Antwort darauf ist einfach: Weil es ein solches Buch bisher noch nicht gibt. Ich habe insgesamt fünfzehn Jahre, von 1988 bis 2002, in Heidelberg gelebt und mich während dieser Zeit intensiv mit dem jüdischen Leben in Heidelberg befasst. Gleichzeitig habe ich Vorträge über dieses Thema an der Volkshochschule, in Schulen, in Kirchengemeinden und im Kurpfälzischen Museum gehalten und viele Male Interessenten auf Rundgängen durch das jüdische Heidelberg geführt. Dabei wurde ich immer wieder gefragt, ob es ein Buch gebe, in dem Teilnehmer an solchen Rundgängen in aller Ruhe zu Hause darüber nachlesen oder aber sich darauf vorbereiten können. Bisher musste ich diese Fragen stets verneinen. Mit dieser Publikation komme ich also dem häufig geäußerten Wunsch nach einer solchen Dokumentation nach und halte hier fest, was ich in Vorträgen und auf Rundgängen erzählt habe. Dabei beschränke ich mich weitgehend auf Einrichtungen des öffentlichen jüdischen Lebens, Privathäuser werden nur in dem Umfang erwähnt, in dem sie dieses tangierten.

Allerdings beschränke ich mich in diesem Band nicht auf die vierzehn, ausführlich beschriebenen Wegstationen, von denen zehn meinen eigentlichen Rundgang darstellen, während man sich zwei Stationen in der Heidelberger Altstadt, das jüdische Zentralarchiv und die Jüdische Hochschule, am besten durch eine Stippvisite vor Ort und danach durch Nachlesen näherbringt, wohingegen die nächsten beiden, die dritte Synagoge in der Weststadt und der dritte jüdische Friedhof am Bergfriedhof, einen eigenen Rundgang verdienen. Vielmehr habe ich in einem weiteren Teil zusätzliche Information über die Geschichte der Juden in Heidelberg eingefügt, nach der ich bei Vorträgen und auf Rundgängen immer wieder gefragt wurde.

Im ersten Teil ist dagegen konkret von den Bauwerken die Rede, die gerade besichtigt werden, von ihrer Entstehung, ihrer Geschichte und ihrem Aussehen. Dabei möchte ich darauf hinweisen, dass ich einen Versuch unternommen habe, sowohl die mittelalterliche Synagoge als auch die zweite, damals noch im Haus „Zur blauen Lilie" untergebrachte, zu beschreiben, und das, obwohl von der erstgenannten nur ein alter Stich nach ihrer Weihung zur Marienkapelle aus dem Jahr 1620 und von der zweitgenannten lediglich Skizzen aus dem Jahr 1714 existieren. Der Stich zeigt die ehemalige Synagoge von außen, die Skizzen geben eine ungefähre Vorstellung davon, wie sie außen und innen aussah. Neu ist auch die Beschreibung des Neubaus der zweiten Synagoge, die an der Stelle des Betsaals im Haus „Zur blauen Lilie" errichtet und 1876 eingeweiht wurde. Das geschieht anhand von alten Aufnahmen aus dem Jahr 1896, die keiner meiner Vorgängerinnen, die sich an Ähnlichem versucht haben, zugänglich waren, weil man sie erst im September 1995 gefunden hat. Hier ist auch von einer der Beteiligten, der Verfasserin dieser Zeilen, aus erster Hand zu erfahren, wie es zur Neugestaltung des Alten Synagogenplatzes gekommen ist.

Überdies ist dieser schmale Band insofern als Premiere zu begreifen, als er die exakte Beschreibung der dritten, 1994 eingeweihten Synagoge bringt, zusammen mit einer Schilderung der Entwicklung der Jüdischen Kultusgemeinde bis zum Jahr 2001, bis zu meinem Ausscheiden aus ihrem Vorstand. Die drei jüdischen Friedhöfe werden ebenfalls in der Literatur über das jüdische Heidelberg zum ersten Mal eingehend aus historischer und vor allem kunsthistorischer Sicht gewürdigt.

Um einen einigermaßen geographisch geordneten Rundgang durch das jüdische Heidelberg zu beschreiben, kommt es an ein und derselben Stelle und auf ein- und derselben Straße zu unvermeidlichen Zeitsprüngen, manchmal gleich über mehrere Jahrhunderte hinweg, erst in die fernere oder nähere Vergangenheit und dann wieder zurück in die Gegenwart, denn jüdisches Leben hat sich über viele Jahre hinweg in der Heidelberger Altstadt konzentriert und das Netz jüdischen Lebens ist hier deshalb besonders dicht. Erst nach dem Zweiten Weltkrieg verlagerte es sich weiter in den westlichen Teil der Stadt.

Hätte mir damals, 1972, jemand gesagt, ich würde dreißig Jahre später in Israel Sippers Geburtsstadt, noch dazu auf derselben Straße wohnen, in der er groß geworden ist, ich hätte ihm ungläubig ins Gesicht gelacht. Aber es ist eine Tatsache. Da Israel sich damals so hartnäckig über seine Jugend in Heidelberg ausschwieg, werde ich nun nie mehr erfahren, ob er in der Synagoge in der Großen Mantelgasse gebetet hat oder, das ist wahrscheinlicher, denn er war ein frommer Mann, doch eher den bescheidenen Gebetraum im Hinterhof auf der Plöck 35 vorgezogen hat.

Wie dem auch sei, wann immer ich eine Führung durch das jüdische Heidelberg geleitet habe, bin ich auf Israel Sippers Spuren gewandelt. Und in diesem Sinn möchte ich den Leser an die wichtigsten Stätten jüdischen Lebens in der Stadt führen.

Wenn der Leser dieses Buch aus der Hand legt, hat er hoffentlich nicht nur einen anregenden Rundgang, der sich von anderen in wesentlichen Punkten unterscheidet, durch die Stadt gemacht, sondern er nimmt auch viele neue Information mit nach Hause. Falls damit gleichzeitig das Verständnis zwischen Juden und Nichtjuden gefördert wird, geschicht das ganz im Sinn von Israel Sipper, dessen Andenken dieser schmale Band gewidmet ist.

München, im Januar 2006 Miriam Magall

**Zum Verständnis:** Alle Bibelzitate wurden von der Verfasserin direkt aus dem hebräischen Original übersetzt und mit den neuesten deutschen Fassungen verglichen. Wenn in diesem Band von „Bibel" die Rede ist, ist stets die Hebräische Bibel gemeint, die die fünf Bücher Mose, die Propheten und die Hagiographen umfasst. Wie andere israelische Autoren datiert sie nicht mit „v. Chr." bzw. „n. Chr.", sondern, wie im Hebräischen üblich, mit „v. d. Z." bzw. „d. Z." (= vor bzw. der Zeitrechnung).

# I. Der Rundgang

Der Rundgang durch das jüdische Heidelberg nimmt seinen Ausgang auf dem Alten Synagogenplatz in der Großen Mantelgasse, führt von dort zum Gasthaus „Goldenes Ross“ am Heumarkt und zu der Stelle, an der sich im Mittelalter der erste Synagogenbau befand. Nach einem Blick in die Judengasse und die Untere Straße geht es weiter zum Heidelberger Rathaus, danach in die Ingrimstraße 8, die Merianstraße 3 und zum Hauptgebäude der Heidelberger Universität. Der Rundgang endet mit einem Blick auf das Gelände des ersten jüdischen Friedhofs in der Plöck und einem Besuch des zweiten jüdischen Friedhofs am Klingenteichtor.

Dieser Rundgang beschränkt sich weitgehend auf öffentliche jüdische Stätten in der Heidelberger Altstadt und nimmt ungefähr zwei Stunden in Anspruch. In seinem Verlauf kommt es wiederholt zu Zeitsprüngen, denn der Rundgang berührt Gebäude aus der Zeit vom Mittelalter bis in die Neuzeit, die oft genug entweder an ein und derselben Stelle liegen oder die gerade mal eine Straßenbreite voneinander trennt.

Interessierte können ihr Wissen über das jüdische Heidelberg mit einem Besuch von vier weiteren jüdischen Einrichtungen ergänzen, von denen drei erst nach dem Krieg entstanden sind: Das wären zum einen das noch in der Heidelberger Altstadt gelegene Zentralarchiv zur Erforschung der Geschichte der Juden in Deutschland und die Hochschule für Jüdische Studien in der Friedrichstraße. Die nächste Station liegt nicht mehr in der Altstadt, vielmehr geht es hinaus in die Weststadt, wo sich in der Häusserstraße 10-12 unübersehbar das 1994 eingeweihte jüdische Gemeindezentrum mit seiner mit vielen Auszeichnungen bedachten dritten Synagoge erhebt. Für die nächste und letzte Stätte empfiehlt sich ein Verkehrsmittel, denn diese Station liegt auf halbem Weg zwischen der Weststadt und dem südlichen Heidelberger Stadtteil Rohrbach. Hier befindet sich der Bergfriedhof, der auf einem Teil den dritten jüdischen Friedhof beherbergt, der – vorläufig noch, doch davon weiter unten – seit 1872 in Gebrauch ist.

Im Anschluss daran kann der interessierte Leser sich, wenn er möchte, über die Geschichte der Juden in Heidelberg informieren.

Wir stehen jetzt also auf dem Alten Synagogenplatz und gehen zurück in der Zeit bis zu Beginn des 18. Jahrhunderts.

## 1. Die zweite Synagoge in der Großen Mantelgasse

Im Jahr **1714** erteilt die Stadt Heidelberg den Juden die Erlaubnis, das Haus „Zur Blauen Lilie" gegenüber vom heute so genannten Heuschober zu erwerben. Der Name kommt wohl kaum daher, weil es hier früher einmal eine Gastwirtschaft gegeben hat, wie man vielleicht meinen möchte, sondern ist eher ein Überbleibsel aus der Zeit, als man Häuser mit solchen Zunamen kennzeichnete, weil Hausnummern noch nicht allgemein gebräuchlich waren. Es ist zunächst ein ganz gewöhnliches Wohnhaus, noch dazu ein ziemlich heruntergekommenes, das in einem damals abgelegenen und nicht besonders gut beleumdeten Winkel der Stadt gleich am Neckar liegt und mehr als einmal von Überschwemmungen bedroht wird. Hier werden die Juden mit ihrem fremdartigen Gehabe beim Gottesdienst die Nachbarn sehr viel weniger stören als in dem Betsaal, den Feist Oppenheimer vierzehn Jahre lang in seinem Haus in der Merianstraße der Gemeinde zur Verfügung gestellt hat und der mehr als einmal ein Stein des Anstoßes vor allem in den Augen der erst kurz zuvor in Heidelberg eingetroffenen Jesuiten gegolten hat.

Um das Haus „Zur Blauen Lilie" als Synagoge nutzbar zu machen, muss die Gemeinde es innen umbauen und gründlich renovieren und so ihren rituellen Bedürfnissen anpassen, mit einer Einschränkung: Von außen darf es, das hat die Stadt ausdrücklich zur Auflage gemacht, nicht als Synagoge zu erkennen sein. Damit liegt sie durchaus im Trend der Zeit, denn äußerlich aufwändige Synagogen hat es seit dem Bau der prachtvollen Synagoge aus hellem Sandstein in Kapernaum in der damals noch römischen Provinz Judäa im 2./3. Jahrhundert d. Z. nicht mehr gegeben. Als ungeliebte Minder-

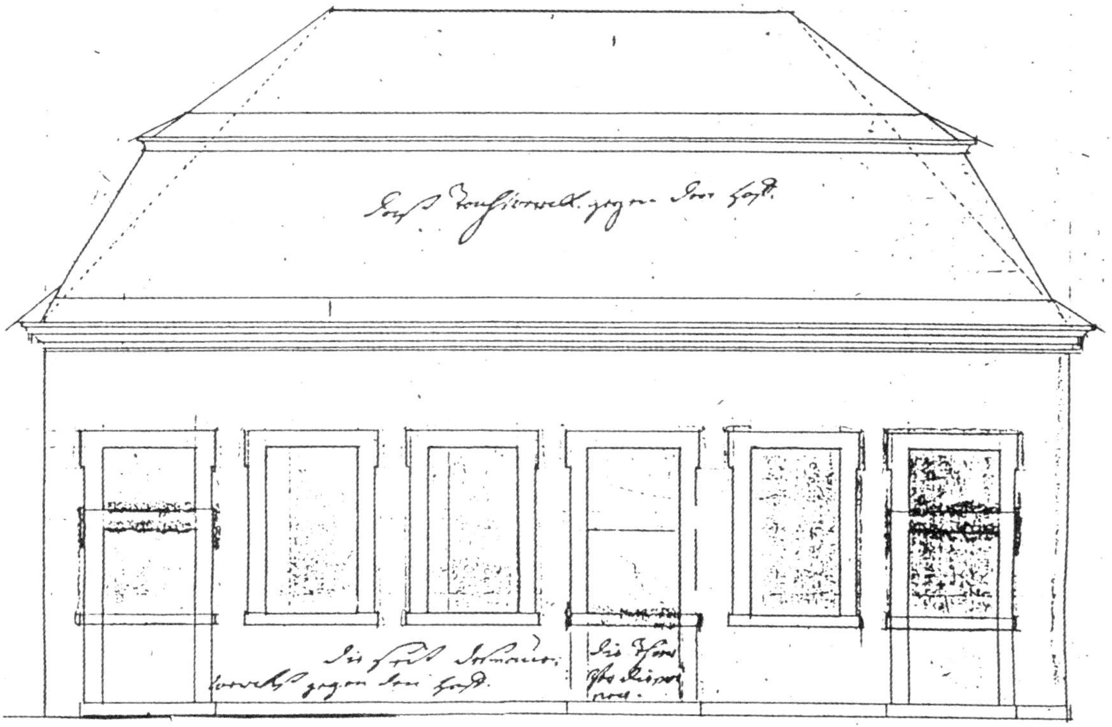

Abb. 1: Das Haus „Zur blauen Lilie“. Aufriss der Südseite. 1714.

heit dürfen die Juden jahrhundertelang keine äußerlich auffälligen Sakralbauten errichten. Sie sollen sich möglichst unauffällig verhalten. Es genügt, dass man ihre bloße Anwesenheit duldet.

Dass die Gemeinde diese Bedingung erfüllt, beweist überzeugend ein Blick auf die einzige Außenansicht, die von dem Haus „Zur Blauen Lilie“ existiert, einem Aufriss von der Südseite aus dem Jahr 1714. Der Komplex besteht aus einem schmaleren Nebenhaus im Norden entlang der Lauerstraße und aus dem längeren und beinahe doppelt so breiten Hauptgebäude, das zur Synagoge umgebaut wird. Diese Synagoge nimmt zwei Stockwerke ein, während das Nebenhaus in zwei Geschosse unterteilt ist. Die Synagoge mit dem Mansarddach besteht gemäß einem Grundriss aus dem Jahr 1847 aus dem traditionell den Männern vorbehaltenen Erdgeschoss und einer Frauenempore entlang der südlichen Längs- und der westlichen kurzen Querseite, die, das zeigt eine Zeichnung aus dem Jahr 1714, anfangs als einzige und erste existiert. Es ist also ein einfacher Saalbau, der typisch für die einfachen Synagogen in Gebäuden ist, die eigentlich nicht als solche erbaut, sondern nachträglich dazu umgebaut werden.

Eine Innenansicht von 1714 zeigt, wie der Betsaal im Haus „Zur Blauen Lilie“ nach der Renovierung aussah. Damit dürfte er sich – ohne dass es dafür einen greifbaren Beweis gäbe, nur die Erfahrung im Umgang mit alten Synagogen lehrt das – nur wenig von dem der mittelalterlichen Synagoge in der Unteren Straße / Ecke Judengasse (heute Ecke Dreikönigstraße, s. u.) unterschieden haben, wenngleich zwischen ihrer Entstehung und Nutzung mehr als dreihundert Jahre liegen. An der Ostseite des gemäß der Zeichnung von 1714 beinahe quadratischen Synagogenraums befindet sich der Thora-Schrein. Ob dafür eine eigene Nische vorgesehen ist, deutet der schon erwähnte Grundriss wohl an, es ist aber auch möglich, dass es sich lediglich um einen Schrank handelt, der an die Wand gestellt ist. Darauf lässt zumindest die Zeichnung des Innenraums von 1714 schließen.

Es ist ein einfacher Schrank, flankiert von einer Säule an jeder Seite, möglicherweise eine Erinnerung an die beiden Säulen Boas und Jachin im salomonischen Tempel, die einen dreieckigen Giebel tragen. In der Zeichnung steht im Tympanon die handschriftliche

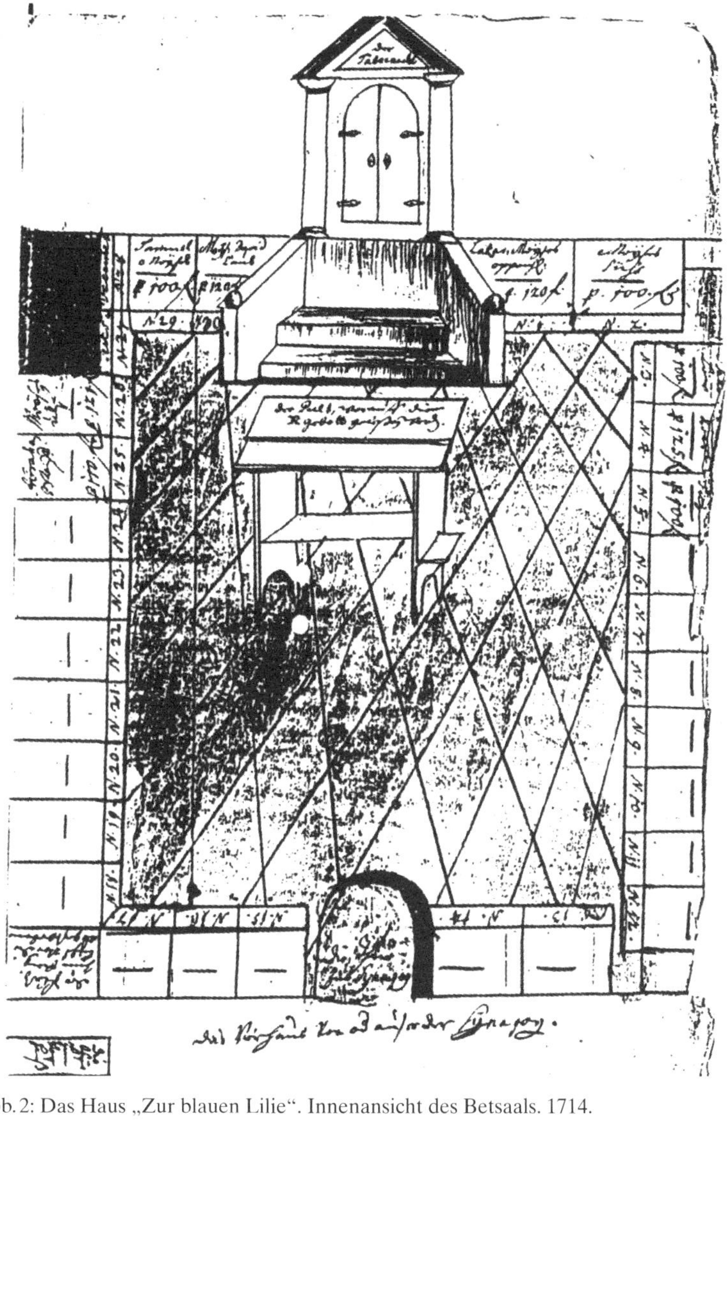

Abb. 2: Das Haus „Zur blauen Lilie". Innenansicht des Betsaals. 1714.

Erklärung „Der Tabernakel“, ein weiterer Hinweis auf die israelitische Vergangenheit, denn damit ist das Stiftszelt in der Wüste gemeint, in dem die Israeliten in einer Lade die Tafeln mit den zehn Geboten aufbewahrten, während der *Aron ha-kodesch*, die „heilige Lade“, zu diesem Zeitpunkt der jüdischen Geschichte die Thora-Rollen der Gemeinde, also ihren kostbarsten Besitz, beherbergt. Verschlossen wird der Thora-Schrein von einer zweiflügligen Tür mit Rundbogen, deren Beschläge und Schloss deutlich erkennbar eingezeichnet sind. Zu dem *Aron ha-kodesch*, der auf einem Sockel ruht, führen zwei Stufen hinauf, die ein Geländer mit rundem Abschluss an beiden Seiten begrenzt. Insgesamt ist es ein eher schlichter Schrein für die Thora-Rollen, ein Zeichen dafür, dass die Heidelberger Gemeinde sich keinen aufwändigen Barock-Schrein leisten kann, wie er zum Zeitpunkt des Umbaus in größeren Gemeinden üblich ist.

Die Innenansicht von 1714 zeigt weiter, dass sich die Sitzplätze entlang Nord-, Süd- und Westseite ziehen und es noch einige Sitze neben dem Thora-Schrein gibt. Die Sitze an dieser Seite sind generell den Honoratioren einer Gemeinde vorbehalten. Das ist die bis zu der Anfang des 19. Jahrhunderts aufkeimenden liberalen Bewegung die in einer Synagoge übliche Sitzanordnung. Damit haben alle Anwesenden einen ungestörten Blick auf das Geschehen beim Gottesdienst vor Thora-Schrank und auf der Bima. Erst beim Bau moderner Synagogen seit Beginn des 19. Jahrhunderts, stärker aber noch seit der zweiten Hälfte jenes Jahrhunderts, übernehmen vor allem liberale jüdische Gemeinden eine Sitzordnung mit Sitzreihen hintereinander, wie sie in den Kirchen üblich ist, denen man sich auch äußerlich anpassen möchte.

In der Raummitte steht die *Bima*, auf der die Thora-Lesung erfolgt. Es ist nicht mehr als ein einfaches Pult, wohl aus Holz, und ohne einen Sockel aus Stein oder ähnlichem Material, was als ein weiteres Indiz für die beschränkten finanziellen Mittel der Gemeinde zu diesem Zeitpunkt ihrer Geschichte zu werten ist.

Die folgende Beschreibung der Aufteilung von Synagoge und nördlichem Nebenbau beruht auf dem Grundriss von Ph. Reicherd aus dem Jahr 1847, der von links nach rechts zu lesen ist. An der Westseite führen Stufen zu einem als „Vorplatz“ bezeichneten Vor-

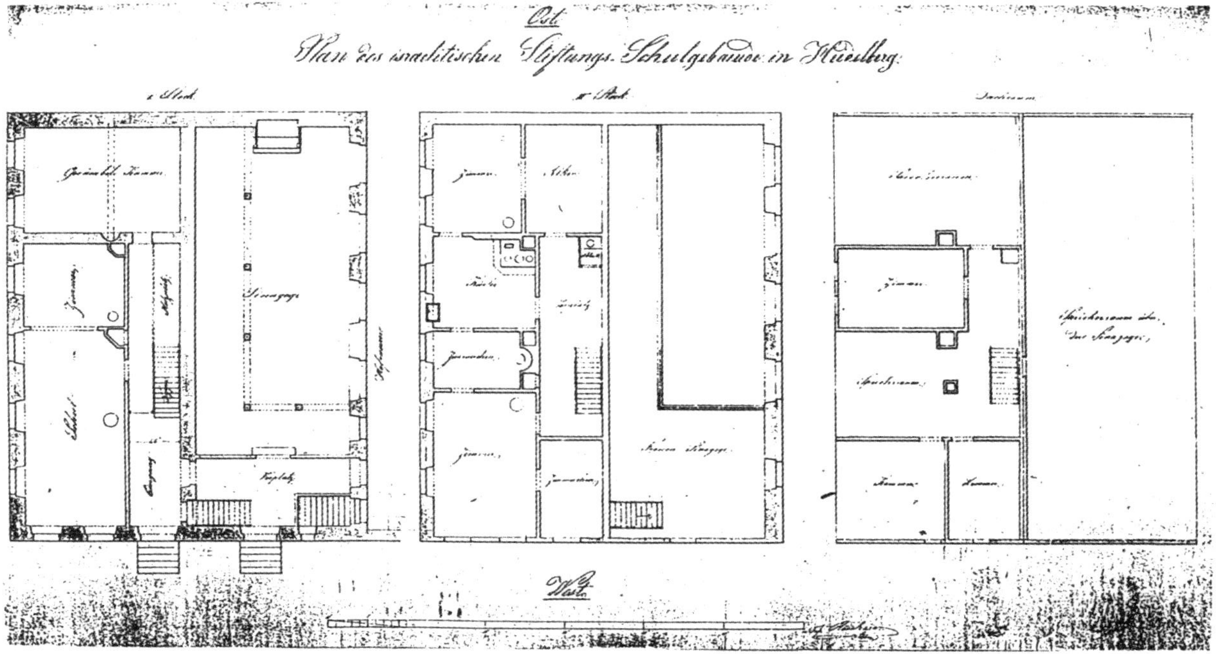


Abb. 3: Schul- und Synagogengebäude Große Mantelgasse/Ecke Lauerstraße. 1847. Grundrisspläne aller drei Geschosse, Ph. Reicherd, 1847.

raum, von dort erreicht man den Synagogeneingang. Insgesamt fünf Fenster an der Südseite erhellen den Raum. Deutlich erkennbar in dem Aufriss von 1714, s. Abb. 1 o., ist, dass an dieser Seite eine Tür bis auf Fensterhöhe zugemauert wurde, anscheinend, weil man sie nicht mehr benötigte, da der Synagogenraum durch den Eingang im Westen betreten wird. An der Ostseite, die keine andere als die Raumseite mit dem Thora-Schrein ist, sind keine Fenster zu erkennen. In die Nordseite des Synagogenraums sind ebenfalls keine Fenster gesetzt, es kann auch keine geben, weil gemäß dem Grundriss gleich daneben der Korridor liegt, von dem aus man zu den Schulräumen gelangt, die das Erdgeschoss des Nebenbaus einnehmen. In den Nebenbau und damit in die Klassenzimmer führt ein zweiter Eingang, ebenfalls im Westen angelegt, nördlich vom Synagogeneingang.

Im zweiten Stock befindet sich gemäß dem Grundriss, diesmal entlang der Nordseite der Frauenempore, eine Wohnung, komplett mit Küche und mehreren Zimmern. Im Dachstuhl ist eine weitere Wohnung mit mehreren Zimmern. Auch sie liegt an der Nordseite des großen Speichers über der Synagoge.

Für die *Mikve* in der ersten Synagoge (Untere Straße/Judengasse) gibt es wenigstens ein paar Anhaltspunkte vor Ort (s. u.). Eine Mikve im Verbund mit der zweiten Synagoge hat man dagegen bisher nicht einmal in Form von Spuren gefunden. Aber es existiert noch immer der Vertrag, den die jüdische Gemeinde Heidelberg mit dem Maurermeister Abel jun. schloss und der den Bau eines zweistöckigen Wohn- und Badhauses nach den Plänen von Baumeister Wundt vorsieht, wenngleich die von ihm gefertigten Pläne nicht mehr auffindbar sind. Da die Mikve ebenerdig war, konnte sie vermutlich nicht von Grundwasser gespeist werden. Aber ein Ritualbad ist auch dann koscher, wenn es von Regen- oder Brunnenwasser, die ebenfalls „lebendig", also natürlich fließend sind, gespeist wird.

Das zur Synagoge umgebaute Haus „Zur Blauen Lilie" reicht für die recht bescheidene jüdische Gemeinde zu Beginn des 18. Jahrhunderts aus. Aber in der Mitte des 19. Jahrhunderts platzt sie aus allen Nähten, denn die Gemeinde ist nach der rechtlichen Gleichstellung

Abb. 4: Zweite Heidelberger Synagoge Große Mantelgasse/Ecke Lauerstraße. Außenansicht. Einweihung 1878. Aufnahme von 1896.

und der Möglichkeit des freien Zuzugs von Juden aus Landgemeinden in die Stadt, die weidlich genutzt wird, kräftig angewachsen. 1875 wird die alte Synagoge abgerissen und durch einen Neubau ersetzt, der bereits 1878, am 12. April, einem Freitag, feierlich eingeweiht werden kann.

War die umgebaute Synagoge im Haus „Zur Blauen Lilie" noch ein äußerlich unauffälliger Bau, von dem der Uneingeweihte nicht einmal ahnte, dass er vor einer Synagoge steht, entsteht die neue Synagoge zu einem Zeitpunkt, als die jüdischen Gemeinden im Deutschen Reich ihr dank rechtlicher Gleichstellung neu gewonnenes Selbstbewusstsein auch mithilfe ihrer Sakralbauten manifestieren wollen. Und das gilt auch für die neue Synagoge, die das Werk des christlichen Architekten Hermann Behaghel ist. Die folgende Beschreibung stützt sich auf zwei Aufnahmen der Synagoge, einer Außen- und einer Innenaufnahme, aus dem Jahr 1896. Beide wurden anlässlich des 70. Geburtstags von Großherzog Friedrich I. als Auftragsarbeit gemacht, aber erst 1995 durch Zufall wieder entdeckt – weshalb sie für ältere Beschreibungen, die der nun folgenden vorausgehen, nicht verwendet werden konnten.

Äußerlich wird die Synagoge dem Typus des Langhauses mit Satteldach zugezählt. Die Westseite, also die Schauseite (es ist die am häufigsten fotografierte und daher am besten dokumentierte Seite; von den anderen Seiten gibt es keine gegenwärtig bekannten Aufnahmen) mit dem Eingang zur Großen Mantelgasse hin gliedert sich in zwei Teile, einem Sockelgeschoss und einem Obergeschoss, beide durch einen Fries und das Kaffgesims klar voneinander abgesetzt. Die Verwendung von Sichtmauerwerk im Erdgeschoss unterstreicht die Gliederung in zwei Geschosse.

Vertikal gliedern vier an Strebepfeiler erinnernde Wandvorlagen die Westfassade im unteren Geschoss, die sich oberhalb des Gesimses bis zum Dach fortsetzen. Auf der Höhe der Geschossgrenzen werden sie durch einen Vorsprung betont. Sie laufen am Giebel in jeweils einen Aufsatz aus, dessen oberer Teil einer gotischen Fiale ähnelt. Die Westfassade besteht somit dank der Wandvorlagen und des Mittelrisalits mit dem rundbogigen Stufenportal aus einem stärker betonten Mittelteil und zwei Seitenteilen.

Das Portal bekrönt ein Dreiecksgiebel. Ein hohes Rundbogenfenster im zweiten Stock darüber ist als ein Drillingsfenster mit vorgestellten verzierten Pfosten und zwei darüber liegende Rundfenster gegliedert, wodurch eine Art Maßwerk entsteht. Die beiden etwas tiefer ansetzenden, rechts und links davon befindlichen Seitenfenster sind ähnlich gestaltet, nur enthalten sie lediglich zwei Rundbögen mit einem Rundfenster. In dem dreieckigen Giebelfeld darüber, dem zweiten an dieser Fassade, steht eine Inschrift, ein hebräisches Zitat aus dem Buch Haggai (2,9), die auf deutsch verheißt: „Größer wird sein die Herrlichkeit dieses zweiten Hauses, als die des ersten, spricht der Ewige der Heerscharen, und an diesem Ort werde ich Frieden geben." Die Fassade schließt unterhalb dieses zweiten Giebels mit einem schmalen Fries ab. Lediglich die Inschrift und die bekrönenden Gesetzestafeln weisen den Bau als Synagoge aus.

Die hier als Vorlage verwendete Außenaufnahme aus dem Jahr 1896, auf der entlang der Lauerstraße insgesamt fünf Fenster zu sehen sind anstelle des einen einzigen auf den übrigen bekannten Abbildungen aus späterer Zeit, zeigt klar und deutlich, dass die Längsfront an der Lauerstraße nicht durchgängig von Wandvorlagen im Sinn einer „gotischen" Kirche gegliedert ist – wenngleich Behaghel bis zu jenem Zeitpunkt als „Gotiker" vor allem Kirchen gebaut hat –, ein Stil, der wegen seiner Konnotation mit christlichen Kirchen und Kathedralen für eine Synagoge eigentlich nicht in Frage kommt. Vielmehr sind lediglich die beiden äußeren Fensterachsen als Bausegmente betont. Die vier Binnenachsen erinnern im einfachen Wechsel von Nische und Mauerfläche wenigstens im Emporengeschoss eher an einen Saalbau.

Die hohen Fenster im Obergeschoss sind ähnlich wie die beiden Seitenfenster an der Schaufassade im Westen als Zwillingsfenster gestaltet; sie weisen wie diese zwei Rundbögen mit einem Rundfenster darüber auf. Ihre Wirkung wird durch den Gegensatz zu den einfachen, schmalen Rundbogenfenstern im Erdgeschoss zusätzlich gesteigert. Auf keinen Fall sollte man dem Architekten, wie häufig geschehen, wahllosen stilistischen Eklektizismus unterstellen. Vielmehr wollte er damit sozusagen eine historische Entwicklung aufzeigen: Das „mittelalterliche" Fundament im romanischen Stil trägt in seiner schmucklosen Strenge den Bau einer humanen „Neu-

Abb. 5: Zweite Heidelberger Synagoge Große Mantelgasse/Ecke Lauerstraße Innenansicht. Einweihung 1878. Aufnahme von 1896.

zeit“. Damit wird der Baustil zu einem Bedeutungsträger erhöht und die folgerichtige Verwendung der Stile lässt auf das Programm – des Architekten – schließen: Er bringt damit seine Überzeugung und Hoffung zum Ausdruck, wie der Liberalismus sie verspricht.

Das Innere ist ein Saalbau mit Flachdecke und Frauenemporen im Norden, Süden und im Westen. An der Ostwand weist Behaghels Synagoge eine große Rosette über dem Thora-Schrein auf, gesäumt im Halbrund von Ornamentflächen aus Schablonenmalerei, die ein Bogen begrenzt, der beiderseits auf schlanken Stützen ruht. Der Thora-Schrein unter der Rosette steht in einer Nische. Er ist wie ein Portal gestaltet, mit zweiteiligen Stützen zu jeder Seite, auf denen wie in einem antiken Tempel ein gerader Türsturz ruht, der seinerseits einen Dreieckgiebel trägt. Die Kanzel rechts vom Thora-Schrein weist diese Synagoge als die einer der liberalen Richtung zuzurechnenden Gemeinde aus, genau wie auch die Bima, die filigranes Gestänge umgibt und die direkt vor den Stufen zum Thora-Schrein Aufstellung gefunden hat. Symmetrisch zur Kanzlei auf der rechten Seite des Thora-Schreins steht links davon der achtarmige silberne Chanukka-Leuchter, eine Spende des Kaiserlichen Hoffaktoren Samuel Oppenheimer aus Wien gegen Ende des 17. Jahrhunderts. Bei den beiden aufwändigen Stühlen jeweils rechts und links neben dem Thora-Schrein handelt es sich vermutlich um Sitze für die Honoratioren der Gemeinde.

Die hellen Wände der Emporen, die ebenso hellen, schlanken Emporenstützen, die Stuckfelder der Decken und die Kassetten in der östlichen Bogenlaibung sowie die Querbögen der Emporen ziehen den Blick automatisch nach oben, in die Höhe, während die Wände im dunkler gestalteten Erdgeschoss die Anwesenden wohl eher an ihre Erdgebundenheit erinnern sollen.

Genau wie schon die Kanzel und die dicht an den Thora-Schrein gestellte Bima weist das wie in einer Kirche in Reihen hintereinander aufgestellte Gestühl auf den hier zelebrierten liberalen Ritus hin. Damit ist der Bruch mit der Vergangenheit, mithilfe der Inneneinrichtung einer Synagoge, wie sie seit der Antike bis zur frühen Neuzeit gültig war, vollzogen. Die Heidelberger Juden sind in der Gegenwart angekommen, selbst in ihrem Inneren unterscheidet sich ihre Synagoge kaum noch von einer protestantischen Kirche.

Abb. 6: Schabbath-Lampe aus der zweiten Heidelberger Synagoge. 1878.

Programm

zu der

am Freitag, den 12. April 1878

stattfindenden

Einweihung der Synagoge

in

Heidelberg.

Abb. 7: Programm der Einweihung der zweiten Heidelberger Synagoge. Freitag, 12. April 1878. Deckblatt.

Es muss ein erhebendes Gefühl für alle gewesen sein, die am Abend des 12. April 1878 Einlass zur feierlichen Einweihung der Synagoge finden. Als der Gemeindechor Psalm 19 – „Die Himmel rühmen des Ewigen Ehre!“ – zu den Noten von Beethoven anstimmt, dürften die Juden von Heidelberg sich als die gelungene Symbiose von Religion und deutscher Staatsangehörigkeit betrachtet haben.

Von diesem prächtigen, stilistisch in sich geschlossenen Innenraum bleibt nach dem Umbau der Synagoge durch Siegfried Seidemann im Jahr 1913 kaum noch etwas übrig. Der erste große Einschitt ist eine Erweiterung des Baus nach Osten bis zum Haus Lauerstraße 4. Dieser neue Gebäudeteil bietet Platz für eine Garderobe und die Orgelempore sowie für die Treppen zur Empore hinauf. Daraus folgt der nächste entscheidende Einschnitt: Die Rosette über dem Thora-Schrein und damit die zentrale Lichtquelle muss der Orgel weichen, die auf der eigens für sie über dem Thora-Schrein geschaffenen Empore Platz findet. An die Stelle des hellen Thora-Schreins tritt ein neuer aus dunklem Marmor, bei dem zwei Säulen, wiederum eine Erinnerung an die Säulen Boas und Jachin in Salomos Tempel, lediglich einen wuchtigen Querbalken tragen – möglicherweise eine Reduzierung auf die antike Tempelarchitektur, die eine geistige Auseinandersetzung widerspiegelt, bei der es um Zionismus und Orthodoxie geht.

Direkt vor dem Thora-Schrein steht die Bima, auch sie neu in dunklem Marmor. Die beiden Aufsätze dienen der Beleuchtung, ihre Form erinnert an *Rimmonim* (Granatäpfel). Ebenfalls an Granatäpfel erinnert die Ornamentik der Ostwand unterhalb der Orgelempore – und ähnelt damit der Verzierung der gleichen Ostwand in der *Synagoge El Tránsito in Toledo* aus dem Jahr 1360. Darüber erhebt sich die Orgelempore, deren Brüstung in schlichtem, durch geometrische Formen wie Rauten und Rechtecke bestimmten Stil gehalten ist. Oben schließt sie mit einem Gitter ab, das durch leicht erhöhte und rautenförmig gemusterte Abschnitte in regelmäßigen Abständen untergliedert ist. Die Orgel selbst greift in der Anordnung ihrer Pfeifen im Mittelfeld die Rautenmotivik des Geländers, in den beiden Seitenteilen das Motiv der Säulen Boas und Jachin wieder auf.

Abb. 8: Zweite Heidelberger Synagoge Große Mantelgasse/Ecke Lauerstraße. Innenansicht nach der Renovierung von 1913.

Der Bogen an der Ostwand, der die Empore überwölbt, hat nach der Renovierung von 1913 seine Kassetten behalten, die mit Blüten ausgefüllt sind. Die Decke des sich nach hinten an den Bogen anschließenden Tonnengewölbes ist mit einem Rautenmuster verziert. Die rechts und links neben der Bogenwölbung entstandenen Zwickelfelder sind mit Blättern und Zweigen ausgemalt. Im Übergang zwischen Wand und Decke verläuft ein Ornamentband mit Flechtmuster. Die flache Decke sowohl im Hauptteil als auch in den über den Frauenemporen liegenden Seitenteilen des Synagogenraums ist mit schlichter Stuckornamentik versehen. Über den Frauenemporen verlaufen ornamentierte Bögen. Dadurch entsteht der Eindruck zweier vom Hauptschiff abgesetzter Seitenschiffe.

Danach gibt es zwischen 1933 und 1938, vermutlich 1935, eine weitere Renovierung, die wiederum vom Architekten Siegfried Seidemann ausgeführt worden sein dürfte. Eine einzige erhaltene Innenaufnahme belegt den Zustand nach dieser Renovierung. Ihr zentraler Blickpunkt ist, wie schon auf den beiden vorhergehenden Aufnahmen, die Ostwand. Allerdings hat sich nichts Wesentliches mehr verändert, nur die Innenwände wurden neu ausgemalt, diesmal deutlich heller als 1913. Außerdem wird die Ornamentik an der Brüstung der Orgelempore vereinfacht. Sonst kann man keine Aussagen über weitere Veränderungen bei dieser zweiten Renovierung machen – denn mehr ist auf dem einzigen erhaltenen Foto nicht zu erkennen.

### *1.1 Die Reichspogromnacht vom 9. zum 10. November 1938*

Anstelle langer Erläuterungen, was sich in der Reichspogromnacht abgespielt hat, sei hier ein Augenzeugenbericht über die Zerstörung der Synagoge in der Nacht vom 9. zum 10. November zitiert, wie er im Badischen Generallandesarchiv Karlsruhe (309/3308 und 3309) aufbewahrt wird: „Schon zwischen 2 und 3 Uhr morgens hörten die Bewohner der in der Nähe liegenden Häuser … ein Kommen und Gehen von Menschen in den dunklen Straßen, ein lautes Klopfen und Hämmern, einen von unten heraufdringenden Straßenlärm und sahen, dass junge und alte Leute in Uniform, die man bei der Dunkelheit im einzelnen nicht erkennen konnte, sich auf die Synagoge zu bewegten und sich am Haupteingang stauten. Man sah später Leute ankommen, die Holzwolle und Kannen brachten, die zur Synagoge befördert wurden. Obgleich Leute, die sich an den Fenstern zeigten, aufgefordert wurden, die Fenster zu schließen und sich von denselben zurückzuziehen, konnte man erkennen, wie die Inbrandsetzung der Synagoge Fortschritte machte. Man sah das Feuer im Innern des Gebäudes, sah und hörte später das Dach einstürzen ..."

Gegen vier Uhr morgens traf endlich die Feuerwehr ein. Aber sie durfte erst nach ausdrücklicher Erlaubnis der SA mit den Löscharbeiten beginnen. Allerdings sollte sie sich lediglich darauf konzentrieren, die umliegenden Häuser zu schützen. Weiter heißt es in dem schon zitierten Bericht: „...dauerte es noch mehrere Stunden, bis das Syngagogengebäude ausgebrannt war, und so fand sich auch noch in den hellen Morgenstunden bis gegen die Mittagszeit Gelegenheit, zur vollen Wirkung der Ausschreitung beizutragen."

Was genau mit den aus der Synagoge entwendeten Thora-Rollen und Ritualgegenstände geschehen ist, darüber gibt es widersprüchliche Angaben, die es noch zu beweisen gilt. Wie dem auch sei, gemäß einer Version bringen die an der Brandstiftung Beteiligten zunächst alles auf die Polizeiwache. Nationalsozialistisch gesinnte Heidelberger Bürger, vor allem aber Studenten sollen eine Woche nach der Zerstörung der Synagoge alles auf dem Universitätsplatz verbrannt haben. Diese Version mag gelten, bis Beweise über ein anderes Schicksal besagter Thora-Rollen und Ritualgegenstände erbracht werden. Auf jeden Fall sind sie seit jener Nacht unwiederbringlich verschwunden.

Die orthodoxe Synagoge auf der Plöck 35 erleidet ein ähnliches Schicksal, allerdings sind die Verwüstungen nicht ganz so gravierend. Deshalb kann sie wieder soweit hergestellt werden, dass schon von Anfang 1939 an hier wieder Gottesdienste möglich sind.

Die jüdische Gemeinde Heidelberg muss nicht nur den Verlust ihrer Synagoge erleiden, sie wird zusätzlich gezwungen, für den Abbruch der Ruine zu sorgen und ihn auch noch zu bezahlen: Im Februar 1939 erfolgt der Abriss der Synagoge auf Kosten der jüdischen Gemeinde.

### *1.2 Der Alte Synagogenplatz: Sein weiteres Schicksal*

Nachdem die Heidelberger Juden am 22. Oktober 1940 nach Gurs deportiert worden sind, geht das Grundstück Große Mantelgasse 1 bis 3 im Jahr 1941 in den Besitz der „Reichsvereinigung der Juden in Deutschland“ über. Seit März 1941 fungiert die Stadt Heidelberg als Besitzerin des Grundstücks, für das sie im März 1942 einen Preis von 9790 Reichsmark zahlt. Vorläufig dient der nun leere Platz als Spielplatz, dann als Bolzplatz.

Einige Jahre nach Kriegsende, genau gesagt, im Jahr 1948 wird auf dem Platz ein Gedenkstein mit einer deutschen und einer hebräischen Inschrift, mit dem folgenden Wortlaut (auf Deutsch) aufgestellt: „An dieser Stelle stand die am 10. November 1938 von frevelhafter Hand zerstörte Heidelberger Synagoge.“ Die Inschrift enthält gleich zwei Fehler: Die Synagoge wurde in der Nacht vom 9. auf den 10. November 1938 zerstört, und die „frevelhafte Hand“ klingt viel zu beschönigend, denn sie hat einen Namen. Der Gedenkstein wird wiederholt beschädigt und deshalb auf den jüdischen Teil des Bergfriedhofs gebracht. In den 1990er Jahren kommt er zurück auf den mittlerweile als parkähnliche Anlage umgestalteten Alten Synagogenplatz.

An der Nordseite des ehemaligen Rabbinerhauses bringt die Stadt Heidelberg im April 1959 eine Gedenktafel mit der Inschrift an: „An diesem Platz stand das Gotteshaus der Jüdischen Gemeinde. Im Morgengrauen des 9. November 1938 (sic!!!) wurde es entheiligt und zerstört.“ Abgesehen davon, dass die Synagoge in der Nacht vom 9. auf den 10. November 1938 in Brand gesteckt wird und die Gedenktafel schon aufgrund dieser falschen Information nicht an diesen Ort gehört, klingt die Aussage „entheiligt“ auf der Gedenktafel ziemlich unverbindlich. Wer hat hier etwas „entheiligt“? Es wäre aufrichtiger und ehrlicher, die Dinge, vor allem aber die beteiligten Personen beim Namen zu nennen.

Noch 1975 belegen Bilder die Verwendung des Grundstücks als Parkplatz. Irgendwann während dieser Zeit wird ein kleines Podium entlang der Nordseite des ehemaligen Rabbinerhauses unter der oben erwähnten Gedenktafel geschaffen, auf dem nicht geparkt werden darf. Hier finden fortan die jährlichen Gedenkveranstaltungen am 9. November statt.

Erst anlässlich des 40. Jahrestags der „Reichspogromnacht“, im Jahr 1978, gestaltet die Stadt Heidelberg den Platz um. Es entsteht eine unverbindliche parkähnliche Anlage, von der der Uneingeweihte nicht einmal ahnt, dass es sich um eine Gedenkstätte handelt. Der Findling, aus dem ein dünnes Rinnsal strömt, soll einer Interpretation zufolge an die Mikve der zerstörten Synagoge erinnern, einer zweiten zufolge an die Quelle, die Moses während der vierzigjährigen Wanderung der Israeliten durch die Wüste zum Sprudeln brachte, indem er mit seinem Stab gegen den Fels schlug. Im Laufe der Jahre wachsen die angepflanzten Bäume und Sträucher immer wilder in die Höhe, zwischen den Steinen des Platzes sprießen ungehindert Gräser und Kräuter, auf den Bänken werden Trinkgelage veranstaltet und die hohen Büsche an der Stelle des ehemaligen Thora-Schreins dienen den Trinkern als öffentliche Toilette.

Die nunmehr durch ein Schild als „Alter Synagogenplatz“ ausgewiesene Stätte wird für die Anwohner zum öffentlichen Ärgernis. Schließlich nimmt sich zu Beginn des Jahres 1999 eine Initiative, ins Leben gerufen von dem Heidelberger Studenten Andreas Rothenhöfer, des Platzes an. Anfangs sammelt er allein Unterschriften, um eine so breite Unterstützung wie möglich für sein Anliegen mobil zu machen, später unterstützen ihn dabei auch Anwohner. Gleichzeitig wendet er sich mit einer ganzen Serie von Briefen sowohl an die Jüdische Kultusgemeinde als auch an städtische Ämter und Heidelberger Politiker aller Gruppierungen im Gemeinderat und bittet um ihr Eingreifen.

So heißt es in seinem ersten Brief vom 29. Juli 1999 an die Oberbürgermeisterin von Heidelberg, Beate Weber: „...der Zustand des Grundstückes, auf dem die Heidelberger Synagoge stand, macht mich betroffen. Nicht nur die ungepflegt erscheinende Grünanlage, immer wieder von Bierflaschen und Müll übersät und häufig als Hunde- oder Menschenklo missbraucht, stören das Bild einer Gedenkstätte... Ich wünsche mir an der zentralen Stelle des ehemaligen Synagogengebäudes ein würdiges Denkmal..., das dem historischen Verbrechen der religiösen Verfolgung, der Zerstörung und des Massenmordes gerecht wird.“

Es folgen zahlreiche Treffen der Bürgerinitiative und der Verfasserin dieser Zeilen als Vertreterin des Vorstands der Jüdischen Kultusgemeinde Heidelberg, auf denen die Neugestaltung des Alten Synagogenplatzes lebhaft diskutiert wird. Anfangs sind die Vorstellungen der Bürgerinitiative bescheiden und sehen lediglich eine Bepflanzung des Platzes mit einem helleren, freundlicheren Grün und eine regelmäßige, gründlichere Pflege wie bei anderen öffentlichen Plätzen in der Stadt vor. Später schließen sie sich dem Wunsch von Andreas Rothenhöfer, wie in seinem ersten Brief an die Oberbürgermeisterin geäußert, nach einem würdigen Denkmal auf dem Platz an, nur über die Form ist man sich noch im Unklaren. Nach und nach finden alle Beteiligten Gefallen an der von der Vertreterin der Jüdischen Kultusgemeinde vorgeschlagenen Umformung des Platzes. Die konkreten Pläne für die Neugestaltung des Alten Synagogenplatzes kristallisieren sich im Verlauf des Jahres 2000 auf wiederholten Treffen mit Vertretern der Stadt Heidelberg, so vor allem mit Hans-Martin Mumm, dem Leiter des Kulturreferats, und Werner Peuker vom Stadtplanungsamt allmählich heraus. Im Laufe der Diskussionen wird überdies beschlossen, die Gedenktafel mit dem falschen Datum von der Wand zu entfernen und zu gegebener Zeit auch einen aussagekräftigeren Text für den Gedenkstein zu finden – was leider bis zum heutigen Tag noch nicht geschehen ist. Um eine zügige Umsetzung der Pläne sicherzustellen, wird für die Durchführung und den Abschluss gleich ein Datum bestimmt: die Gedenkveranstaltung am 9. November 2001. Die Protokolle dieser Treffen sind für die Nachwelt in den Archiven der Stadt Heidelberg und im Zentralarchiv zur Erforschung der Geschichte der Juden in Deutschland, ebenfalls in Heidelberg ansässig, erhalten.

Das Ergebnis übertrifft, wie jeder Besucher sehen kann, die Erwartungen aller Beteiligten. Endlich weiß man, wenn man hier steht, wo genau die Synagoge war: Ihr Grundriss ist mit weißen Marmorsteinen markiert, grauer Granit deutet Fenster und Eingangstür an. Die beiden schmalen weißen Streifen parallel zu den Längsseiten der Außenwände verweisen auf den Verlauf der Frauenempore. Zu einem Sandsteinpodium, geschaffen aus den Steinen des abgebauten Podiums entlang der Nordseite des ehemaligen Rabbinerhauses, führen zwei Stufen hinauf – so wie in einer Synagoge grundsätzlich Stufen zum Thora-Schrein hinaufführen. Den Platz des Thora-Schreins in der zerstörten Synagoge nimmt auf diesem Podium nun

Abb. 9: Der Alte Synagogenplatz Große Mantelgasse/Ecke Lauerstraße nach seiner Neugestaltung im Jahr 2001, mit Infotafel (links vorn) und Gedenktafel (rechts an der Hauswand).

der schon weiter oben erwähnte Gedenkstein mit der leider noch immer nicht korrigierten unglücklichen Inschrift ein. Die Sandsteinwürfel stehen für die Bänke in der Synagoge, ihre Anzahl, zwölf, erinnert an die zwölf Stämme Israels. Alle Büsche wurden entfernt, lediglich die verbliebenen drei Platanen werfen ihre Schatten auf diesen neugestalteten Platz, der streng und würdig an vergangenes Unrecht erinnert.

Die gleichen Aktivisten haben zusammen mit den schon weiter oben erwähnten Vertretern der Stadt Heidelberg auch für die Aufstellung einer Info-Tafel gesorgt. Sie befindet sich gleich beim Eingang zur ehemaligen Synagoge und erklärt, was es mit diesem Platz auf sich hat. Gegenüber der Erklärung auf Deutsch und auf Englisch, textlich leider ein Kompromiss und eine Reduzierung auf das Unverbindlichste, wie die Verfasserin dieser Zeilen aus eigener schmerzlicher Erfahrung zu behaupten wagt, ist die Geschichte der Juden in Heidelberg tabellenartig, ebenfalls auf Deutsch und auf Englisch, zusammengefasst. Eine Außen- und eine Innenansicht aus dem Jahr 1896 der 1938 verbrannten Synagoge sowie des silbernen Chanukka-Leuchters, der damals spurlos verschwunden ist, ergänzen die Info-Tafel, die der Besucher lesen kann, während er gleichzeitig den derart neugestalteten Synagogenplatz vor Augen hat.

Während der Gedenkveranstaltung im November 2004 wurde als abschließende Krönung der Neugestaltung des Alten Synagogenplatzes schließlich die Gedenktafel mit den Namen der zwischen 1938 und 1945 verfolgten Juden Heidelbergs feierlich enthüllt. Die Tafel ist die Frucht beinahe vierjährigen Ringens um Idee und Gestaltung. Die Kosten dafür, Euro 40 000, wurden von den Bürgern Heidelbergs in einer von Andreas Rothenhöfer von der Bürgerinitiative und Georg Haas von der Gesellschaft für christlich-jüdische Zusammenarbeit durchgeführten Sammelaktion aufgebracht.

Es handelt sich um eine Ausführung, bestehend aus mehreren Tafeln in Bronze mit den Namen aller deportierten jüdischen Heidelberger Bürger in alphabetischer Reihenfolge, ohne Rücksicht auf die Art ihrer Deportation, denn es sollte nicht noch einmal eine „Selektion" stattfinden. Dazu gehören die 22 zwischen 1937 und 1940 ausgewiesenen und deportierten, ehemals aus Polen stammenden

Einwohner, weiter die 301 am 22. Oktober 1940 nach Gurs Deportierten, dann die 56 zwischen 1941 und 1945 direkt in den Osten Deportierten und schließlich auch die 17 noch im letzten Augenblick, im Januar/Februar 1945 nämlich, nach Theresienstadt Deportierten, – insgesamt umfasst diese Gedenktafel 396 Namen ehemaliger jüdischer Heidelberger Bürger. Diese Zahl ist das Ergebnis einer einjährigen Recherche, die die Stadt Heidelberg bei Norbert Giovannini, der schon seit Jahren diese Thematik recherchiert, in Auftrag gegeben hat.

Vom Alten Synagogenplatz gehen wir jetzt die Große Mantelgasse in Richtung Stadt hinauf. Gleich an der nächsten Ecke links erreichen wir eine Stätte, die uns zurück in die Zeit zu Beginn des 19. Jahrhunderts versetzt.

## 2. Das Gasthaus „Zum Goldenen Ross“ am Heumarkt

Dieses seit 1823 bestehende jüdische Gasthaus und Hotel erfreut sich in jüdischen Kreisen von Anfang an großer Beliebtheit. Es wird von Besuchern, die Wert auf jüdische Gesellschaft und koscheres Essen legen, gerne aufgesucht. Auch seine unmittelbare Nähe zur Synagoge dürfte bei traditionellen Gästen sicher eine große Rolle für seine Wahl gespielt haben. Daneben finden hier natürlich auch unzählige Feiern anlässlich jüdischer Zeremonien wie Beschneidung, Bar-Mitzva und wohl auch Hochzeiten statt. Hierher wird zu Gemeindeversammlungen geladen, auf denen es, genau wie beinahe zweihundert Jahre später, gelegentlich heftig bis stürmisch zugegangen sein dürfte – die Verfasserin hat an den späteren als aktives Mitglied teilgenommen und weiß, wovon sie spricht.

Zu Beginn des 20. Jahrhunderts dient das Gasthaus überdies als Vereinslokal für die „Gesellschaft Erholung“, die lediglich eine von zahlreichen jüdischen Vereinigungen in Heidelberg um die Wende vom 19. zum 20. Jahrhundert ist. Wer Wert darauf legte (und noch immer legt), konnte (und kann auch heute) als jüdischer Bürger Heidelbergs gesellschaftlichen Umgang in rein jüdischer Gesellschaft pflegen. Und das dürfte trotz aller Integrationsbemühungen und ob-

Abb. 10: Ehemaliges jüdisches Gasthaus und Hotel „Zum Goldenen Ross“; heute ein Studentenwohnheim, „Haus Sibley“.

wohl es den meisten gar nicht auffällt bzw. aufgefallen ist, ziemlich häufig der Fall gewesen sein bzw. auch heute noch oft so sein.

In der Zeit von 1866 bis 1874 pachtet eine Verwandte des Juristen und Schriftstellers Berthold Auerbach Lokal und Hotel. Der Schriftsteller, der eigentlich Moses Baruch Auerbacher (1812-1882) hieß, hält sich wiederholt hier auf – daran erinnert eine Gedenktafel neben dem Eingang zum heutigen „Sibley-Haus", in das das Haus „Zum Goldene Ross" umbenannt wurde. Seinen Ruhm verdankt der Schriftsteller seinen *Schwarzwälder Dorfgeschichten* (insgesamt 10 Bände zwischen 1843 und 1884), die ihn zu einem der meist gelesenen Erzähler in der zweiten Hälfte des 19. Jahrhunderts machen, wenngleich er heute weitgehend in Vergessenheit geraten ist. Als bewusster Jude und Verfechter von Liberalismus und jüdischer Gleichberechtigung erzählt Auerbach darin aber keine simplen Geschichten aus dem Schwarzwald, sondern er wählt diese Form absichtlich, um öffentlich wirksam seine politischen und sozial-ethischen Überzeugungen zum Ausdruck zu bringen, denn sein ganzes Leben lang setzt er sich nachdrücklich für die Emanzipation der Juden ein.

Wesentlich stürmischer als Auerbach tritt ein weiterer berühmter Gast auf: der revolutionäre Privatdozent und Jurist Alexander Friedländer, der seit 1842 eben als Privatdozent an der Heidelberger Universität lehrt. Er hat in dem Gasthaus seinen „revolutionären" Stammtisch eingerichtet, als er während der Revolution 1848/49 in Heidelberg aktiv ist. Im Gegensatz zu vielen anderen jüdischen Dozenten der Universität ist er voll und ganz in das jüdische Leben der Stadt eingebunden. Aber Alexander Friedländers Leben verläuft unglücklicher als das von Berthold Auerbach. Nachdem sich die Gemüter in der Stadt wieder beruhigt haben, ist die Universität bemüht, diesen unbequemen Privatdozenten, der als Jude ohnehin nie ordentlicher Professor werden kann, doch davon sei später die Rede, aus der Liste ihrer Mitarbeiter zu streichen. Das Innenministerium entspricht ihrer Bitte, und Friedländer wird seit dem Wintersemester 1849/50 nicht mehr im Vorlesungsverzeichnis geführt. Ein halbes Jahr später macht man ihm wegen seiner revolutionären Umtriebe zudem noch den Prozess, an dessen Ende er zu einer dreijährigen Zuchthausstrafe verurteilt wird. Nach seiner Begnadigung und Genesung 1850 will er mit dem Schiff „Austria" nach Amerika auswandern. Der Dampfer verunglückt bei einem Brand auf offener See, und Friedländer geht mit ihm unter.

Vierzig Jahre später ist das Gasthaus „Zum Goldenen Ross" noch immer ein wichtiger Anlaufpunkt im jüdischen Leben in Heidelberg, in dem sich nicht nur jüdische Schriftsteller und Revolutionäre einfinden, ebenso zieht es jüdische Studenten an. Aber nicht nur einfach so Studenten kamen in das Gasthaus, vielmehr gründen im Oktober 1890 acht Studenten im Gasthaus „Zum Goldenen Ross" die jüdische Verbindung „Badenia", die später sogar insgesamt 26 Mitglieder zählt. Die „Badenia", zu der noch die beiden Verbindungen „Bavaria" und „Nicaria" sowie der „Verein jüdischer Studenten Ivria" hinzukommen, entstehen, nachdem in der Folge der antisemitischen Reaktion auf die Gleichstellung der Juden jüdischen Studenten nicht nur in Heidelberg, sondern im gesamten Deutschen Reich seit den 1880er Jahren der Zutritt zu den meisten studentischen Verbindungen *de facto* oder durch Statut verwehrt wird.

Als einziges koscheres Lokal bietet sich das Gasthaus „Zum Goldenen Ross" auch für Zusammenkünfte des „Vereins gesetzestreuer Juden" an. Nachdem ein führendes Mitglied dieser Vereinigung, in dessen Haus die ersten Zusammenkünfte stattfinden, nach Litauen ausgewandert ist, mietet der Verein einen Raum in dem Hotel. Dort finden vorläufig die orthodoxen Gottesdienste statt, bis sich andere, dauerhaftere Räumlichkeiten dafür in der Plöck 35 finden. Eine ähnliche Situation, nämlich dass die traditionelleren Gemeindemitglieder an einem anderen Ort als der zentralen Synagoge zum Gebet zusammenkommen, wiederholt sich ungefähr siebzig Jahre später nach der Einweihung der dritten Synagoge 1994. Nur existiert zu jenem Zeitpunkt kein jüdisches Restaurant in Heidelberg mehr. Deshalb kommen die traditionelleren Gemeindemitglieder längere Monate in den Räumen der Hochschule für Jüdische Studien zusammen, die es seit 1979 gibt. Davon wird noch weiter unten näher zu berichten sein.

Heute weist nichts mehr auf eine frühere jüdische Eigentümerschaft hin, denn das Gasthaus „Zum Goldenen Ross" dient inzwischen als Studentenwohnheim und trägt, wie schon weiter oben erwähnt, den Namen „Sibley-Haus".

Vom Sibley-Haus geht es weiter auf der schmalen, von Läden und Lokalen gesäumten Unteren Straße bis zur Ecke der Judengasse, die 1832 auf Wunsch der Anwohner – auch der jüdischen – in Dreikönigstraße umbenannt wurde. Ziel ist ein weißes Haus mit grünen Fensterläden sowie Ecksteinen und Laibungen aus rotem Sandstein. Nichts an diesem dreistöckigen Haus erinnert mehr daran, dass sich an dieser Stelle einmal eine Synagoge befand.

## 3. Die erste Synagoge in der Unteren Straße / Ecke Judengasse (heute: Dreikönigstraße), ca. 1350/65-1390

Die mittelalterliche Synagoge wird erstmals 1390 erwähnt, allerdings geschah das anlässlich ihrer Weihung zur Marienkapelle. Es ist zu vermuten, dass die Heidelberger Juden spätestens seit der Mitte des 14. Jahrhunderts in der Unteren Straße / Ecke Dreikönigstraße, der früheren Judengasse, ein eigenständiges Synagogengebäude besitzen, das zusammen mit den angrenzenden Häusern eine Art Gemeindezentrum mit Mikve bildet.

Auf dem Grundstück an der Unteren Straße / Ecke Judengasse (heute Dreikönigstraße) erhob sich ein Eckhaus, dessen nördliche Längsseite parallel zur Unteren Straße verlief. Dem schloss sich nahtlos die Synagoge an. Zur Unteren Straße hin ist kein Zugang zur Synagoge auszumachen, vermutlich betrat ein Synagogenbesucher von der Judengasse her zunächst das Eckhaus, um von dort in den hinteren Teil des Grundstücks zu gelangen. Die Synagoge konnte er dann wohl vom Synagogenhof her betreten.

Wie die Synagoge von außen aussah, lässt ein Stich von M. Merian erahnen, der auf seinem „Großen Stadtpanorama" von 1620 unter anderen auch die Marienkapelle, also die ehemalige Synagoge, zeigt. Die Synagoge ist drei Stockwerke hoch, darauf lassen die Fensterreihen der Häuser daneben schließen, gedeckt wird sie von einem Satteldach. Im unteren Geschoss sind drei kleine Fenster zu erkennen, über dem unteren Sockel axial darüber noch weitere drei größere mit einem Rundbogen – eine ähnliche Anordnung von zwei Reihen von verschiedenartig ausgeformten Fenstern weist auch die 1878 neu erbaute zweite Synagoge auf. Das ist eine interessante, aber

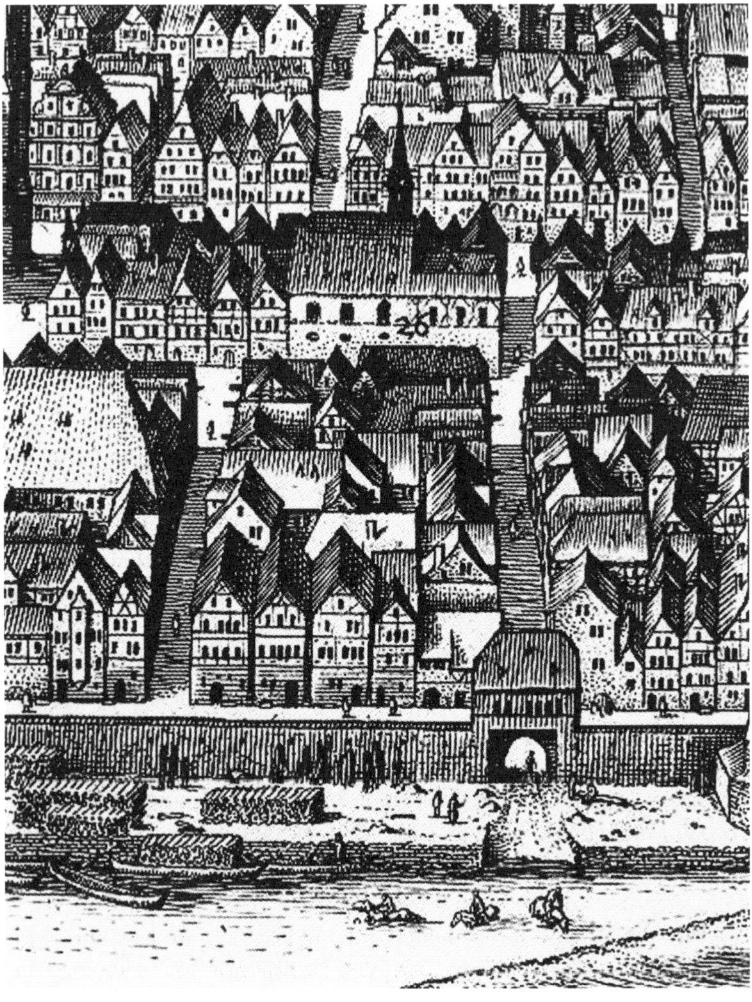

Abb. 11: Judengasse mit Judentor. Das Haus Nr. 26 beherbergte die erste Heidelberger Synagoge. Ca. 1350/65-1390. Merian. Große Stadtansicht. 1620.

wohl unbeabsichtigte Parallele zwischen beiden Bauten. Der Dachreiter auf der Synagoge kam vermutlich hinzu, als die Synagoge schon in eine Kapelle (1390) umgewandelt worden war, denn eine Synagoge besitzt generell weder einen Turm noch einen Dachreiter. Zur damaligen Judengasse, der heutigen Dreikönigstraße, hin ist hinter der Schutzmauer ein freier Raum, entweder ein Hof oder Garten, vor dem eigentlichen Synagogenbau zu erahnen. Allerdings sei ausdrücklich darauf hingewiesen, dass man hier noch keinen eigenständigen Synagogenbau errichtet haben dürfte, vielmehr ist anzunehmen, dass die jüdische Gemeinde ein schon vorhandenes Haus ihren Bedürfnissen angepasst und es zu einem Betsaal umgebaut hat.

Beim Stadtbrand Ende des 17. Jahrhunderts wurde der gesamte Komplex mit Synagoge und späterer Marienkapelle vernichtet, Anfang des 18. Jahrhunderts wurden auf den Fundamenten neue Häuser errichtet, so dass sich anhand der alten Fundamente die Abmessungen der Synagoge nur noch annähernd abschätzen lassen. Sie ergeben eine Breite von ungefähr 8,7-9 m, die Länge ist dagegen ungewiss. Geht man von einer Saalgröße von 9×17 m aus, wäre die Heidelberger Synagoge den kleineren mittelalterlichen Synagogenbauten zuzurechnen, wie man sie aus Mitteleuropa kennt, als bekanntlich zwei Synagogentypen gebräuchlich waren: der zweischiffige Innenraum mit einer Säulenreihe in der Mittelachse wie in Worms und Regensburg und der zweite als einfacher Saalbau ohne Stützen im Raum wie in Miltenberg, dem auch die Heidelberger Synagoge zuzuordnen wäre.

Leider zeigt der Merian-Stich lediglich die Nordseite, ohne eine Aussage über die Struktur des Innenraums zu machen, deshalb können darüber nur Vermutungen angestellt werden. Da sich die Synagogeneinrichtung aber erst zu Beginn des 19. Jahrhunderts grundlegend verändert, sind die folgenden Überlegungen über ihr Aussehen nicht abwegig. Es ist anzunehmen, dass es sich um einen bescheidenen, längsrechteckigen oder auch quadratischen Raum, darüber kann man nur Spekulationen anstellen, mit je drei Fenstern an den Längsseiten handelt. Betreten wurde der Synagogenraum wohl vom Hof im Westen oder Süden. Wie nun die Synagogen innen ausgesehen haben mag, zeigt aus den schon weiter oben angeführten Gründen ein Blick auf die Zeichnung des Synagogeninneren der zweiten

Synagoge im Haus „Zur Blauen Lilie“ von 1714. An der Ostseite dürfte sich, wie in jeder Synagoge in Europa, der Thora-Schrein mit den Thora-Rollen befunden haben, so dass diese Seite für einen Eingang nicht in Betracht kommt. Wo sich die Bima, das Podium, auf dem die Thora-Lesung stattfindet, befunden hat, ist unbekannt, aber sie dürfte, da es sich um eine aschkenasische Synagoge gehandelt hat, in der Raummitte aufgestellt gewesen sein. Die Sitze der Anwesenden dürften die drei Seiten des Synagogenraums gesäumt haben, möglicherweise hat es weitere Sitze für die Honoratioren der Gemeinde neben dem Thora-Schrein an der Ostwand gegeben. Nichts deutet dagegen auf einen im Mittelalter in Europa üblichen Anbau für die Frauen hin, deshalb gab es entweder keinen oder aber er lag im Westen oder Süden. Wenngleich Frauenemporen zu diesem Zeitpunkt in Deutschland im Mittelalter noch ungebräuchlich waren, nur aus Spanien sind sie seit dem 14. Jahrhundert bekannt, erlaubt die Tatsache, dass im Merian-Stich von 1620 zwei Fensterreihen auf drei Stockwerke verteilt sind, doch Spekulationen, ob es hier nicht schon eine Frauenempore gegeben haben könnte. Man wird es nie wissen.

Fast noch wichtiger als eine Synagoge ist für eine jüdische Gemeinde die Mikve, das Ritualbad, das von natürlichem Wasser gespeist werden muss. In dem Eckhaus an der Unteren Straße / Ecke Dreikönigstraße, das sich heute an der Stelle des mittelalterlichen Eckhauses erhebt, befindet sich eine enge Wendeltreppe. Sie führt zunächst in einen kleineren, überwölbten Kellerraum. Früher führte die Wendeltreppe noch weiter in die Tiefe, allerdings wurde dieser Teil später zugemauert. Unter dem Kellerboden trifft man sogleich auf Grundwasser, was bedeutet, dass diese Wendeltreppe direkt ins Grundwasser führte und somit die Vermutung stützt, dass wir es hier mit der mittelalterlichen Mikve zu tun haben. Allerdings ist dieser überwölbte Keller mit Wendeltreppe heute nicht frei zugänglich.

Aber die Juden in Heidelberg dürfen sich nicht lange weder an der Synagoge noch an der Mikve erfreuen, denn nach dem Tod seines Onkels, Kurfürst Ruprecht I., vertreibt sein Neffe und Nachfolger, der neue Kurfürst Ruprecht II. (1325-1398), die Juden im September oder Oktober 1390 aus Heidelberg. Die Synagoge und sämtliche

Abb. 12: Die ehemalige „Judengasse“ (heute: Untere Straße / Ecke Dreikönigstraße) mit dem Haus, das heute an der Stelle der ersten Heidelberger Synagoge (ca. 1350/65-1390) steht.

Häuser der Juden schenkt er der kurz zuvor gegründeten (1386) Universität Heidelberg. Damit sind fürs Erste die Platzsorgen der jungen Universität behoben. In die besseren Häuser der Juden ziehen Professoren ein, in die einfacheren die Studenten.

In einem feierlichen Gottesdienst wird die Synagoge am zweiten Weihnachtstag, dem 26. Dezember, 1390 vom Wormser Bischof Eckhard von Dersch zu einer Kirche zur Ehre Gottes, Marias und des Heiligen Stephanus geweiht. Danach ist sie lange Zeit als die Universitätskapelle bekannt. Und sie dient auch als Vorlesungssaal der damals jungen Universität. Damit bilden Synagoge und die Häuser von Juden den Grundstock dieser ersten Universität in deutschen Landen. Auch einen Teil ihrer Einnahmen verdankt die junge Universität den vertriebenen Juden, denn neben Häusern und Synagoge übereignet der neue Kurfürst der Universität ebenfalls alle Weinberge in jüdischem Besitz.

Nach der Vertreibung der Juden 1390 durch Ruprecht II. gibt es in Heidelberg dreihundert Jahre lang keine jüdische Gemeinde mehr. Erst seit den 1650er Jahren sind fünf jüdische Familien belegt, alle tragen den Namen Oppenheimer, sind aber nicht miteinander verwandt.

Jetzt wenden wir uns vom Haus in der Unteren Straße / Ecke Dreikönigstraße, dessen mittelalterlicher Vorgänger den Eingang zur Synagoge bildete, ab und schauen die Judengasse hinunter, denn hier spielte sich jüdisches Leben ab.

## 4. Die „Judengasse“

Die Judengasse liegt in unmittelbarer Nachbarschaft der Neckarbrücke und zum Marktplatz. Das macht sie zu einem bevorzugten jüdischen Wohngebiet schon im Mittelalter, in das die Juden auch nach beinahe dreihundertjähriger Abwesenheit zurückkehren. Dieses Viertel mit seinem lebenswichtigen Brunnen ist stets von Christen und Juden gemeinsam bewohnt gewesen. In Heidelberg hat – trotz mehrerer Vorstöße in diese Richtung – in der Judengasse nie ein Ghetto existiert. Und selbst das Tor, das den Namen „Judentor“

Abb. 13: Erinnerung an das „Judentor", nicht am Ende der Judengasse wie diese Tafel, sondern als Bestandteil der Heidelberger Stadtmauer am Neckar (s. Abb. 11).

trägt, ist an ihrem Ende in die Stadtmauer eingelassen, aber es verschließt nicht, das sei hier ausdrücklich betont, die Judengasse an ihrem unteren Ende wie bei einem Ghetto, vielmehr verlief früher die Neckarstraße zwischen Häusern und Stadtmauer entlang. Häuser, Grundstücke und Weingärten durften von Christen an Juden und umgekehrt frei verkauft werden und wurden es auch.

Kurfürst Ruprecht II. übergibt der Universität am 21. Mai 1391 die Häuser von insgesamt elf namentlich aufgeführten Juden. Ein Haus mit Hof und Schuppen gleich hinter der Synagoge gehört dem „zitternden" Abraham, wobei niemand zu erklären vermag, wem oder was er diese Definition verdankt; ein weiteres mit einer Kelter dem Juden Harmeder, was wiederum die Annahme bestärkt, dass die Juden im Mittelalter, nicht nur in Heidelberg, Wein für den eigenen rituellen Gebrauch anbauen und produzieren – nicht, um damit Handel zu treiben.

Nach ihrer Rückkehr in die Stadt ungefähr dreihundert Jahre später, beginnend in der Mitte bis zum Ende des 17. Jahrhunderts, lassen sich die Juden erneut überwiegend in dem Viertel nieder, das die Untere Straße (16 Familien), die Judengasse (fünf Familien), die Große Mantelgasse (fünf Familien), die Kleine Mantelgasse und die Bussemergasse (jeweils drei Familien) sowie Haspelgasse, Plöck und Heumarkt (je eine Familie) umfasst. Allerdings kann man trotzdem nicht von einem richtigen Judenviertel sprechen, denn die Juden bilden selbst in der Judengasse nur eine Minderheit.

Fünfzig Jahre später hat sich die wirtschaftliche Lage der meisten Juden in Heidelberg wesentlich gebessert, was sich auch in der Wahl ihrer Wohnstätten widerspiegelt. 1852 wohnen von 70 jüdischen Haushalten 16 in der Hauptstraße, elf in der Unteren Straße, sechs in der Bussemergasse sowie je fünf in der Großen Mantelgasse und in der Haspelgasse. Alle anderen sind über die Stadt verstreut. In der ehemaligen Judengasse, seit 1832 in Dreikönigstraße umbenannt, wohnt nur noch ein Jude. Dennoch bleibt das Stadtviertel beim Neckar mindestens bis zur „Reichspogromnacht" im November 1938 weiterhin das Zentrum jüdischen Lebens in Heidelberg, denn in der Großen Mantelgasse steht neben der Synagoge auch die israelitische Volkschule.

### *4.1 Zwei antijüdische Übergriffe in der Unteren Straße*

Angesichts heftiger antijüdischer Polemik gegen die Emanzipation der Juden durch Heidelberger Hochschulprofessoren wie Jakob Friedrich Fries (s. u.) verwundert es nicht, dass die Lage der Juden in Heidelberg und anderweitig auch im 19. Jahrhundert weiterhin unablässig gefährdet ist. Das zeigen beispielhaft zwei Zwischenfälle, die sich in einem Abstand von 30 Jahren in der Unteren Straße unweit der mittelalterlichen Synagoge, die zu diesem Zeitpunkt längst nicht mehr existiert, ereignen und die ihre Rechtfertigung zum Teil aus den Worten des oben erwähnten Heidelberger Universitätsprofessors beziehen.

Der erste Übergriff fällt in das Jahr 1819, dem Jahr der „Hepp-Hepp"-Unruhen. Nach mehreren Jahren einer schlechten Ernte kommt es zu Versorgungsschwierigkeiten vor allem in den Städten. Ein Sündenbock ist schnell gefunden: der „Wucherjude". In ganz Deutschland fallen einfache Bürger und Handwerker, aber auch Studenten über ihre jüdischen Mitbürger her, rempeln sie an und verprügeln sie. Die Unruhen greifen in ganz Süddeutschland um sich. In Heidelberg kommt es zu einem Pogrom in der Unteren Straße.

Schon mehrere Tage lang rufen Handwerker und junge Burschen einzelnen Juden das „Hepp-Hepp" nach – um dessen genaue Bedeutung man sich bis heute streitet – und rempeln sie an. Eine junge Jüdin wird von einem Bürger beleidigt. Ein Müllermeister kündigt lauthals die Ermordung aller Juden der Stadt für den 27. August an. Gleichzeitig verbreitet sich in der ganzen Stadt das Gerücht über einen bevorstehenden Angriff auf die Heidelberger Juden in der Nacht des 25. August 1819 wie ein Lauffeuer.

Das ist genau die rechte Stimmung für ein Pogrom. Zwischen 19 und 20 Uhr ziehen dichte Menschenscharen in die Untere Straße und durchbrechen mit Äxten und Brecheisen Fenster, Läden und Türen. Sie dringen ungestört in jüdische Häuser ein und können fast drei Stunden lang alles, was sie dort vorfinden, plündern oder zerschlagen, sowie das in verschlossenen Schränken gefundene Geld rauben, Papiere zerreißen, Betten zerschneiden und eine derartige Zerstörung anrichten, dass beinahe die ganze Straße angefüllt ist mit Papierfetzen, Bettfedern und Möbeltrümmern.

Dieses Schicksal erleiden die Häuser der jüdischen Klein- und Trödelhändler Samuel Carlebach, Herz Carlebach und Hirsch Marx in der Unteren Straße; ebenfalls angegriffen und beschädigt werden die Häuser von Isaac Mayer, Salomon Mayer und Mendel Abenheimer in der Unteren Straße und am Heumarkt.

Weder die Polizei noch die Bürgergarde greifen ein, statt dessen kommt Hilfe von unerwarteter Seite: Bewaffnet mit Hiebern, Säbeln oder Rapieren zerstreuen Studenten der Universität die Räuber innerhalb kürzester Zeit und händigen alle, derer sie habhaft werden können, den städtischen Behörden aus. Damit bewahren sie die übrigen jüdischen Häuser vor Schaden. Allerdings werden von mehreren hundert Aufrührern und Plünderern nur fünf Heidelberger Bürgersöhne und vier auswärtige Handwerksgesellen festgenommen, die erstgenannten setzen die Behörden allerdings schnellstens wieder auf freien Fuß.

Wird den so unvermittelt völlig verarmten Opfern anschließend wenigstens Gerechtigkeit zuteil? Dazu ist lediglich festzustellen, dass man sich in der Schadensersatzfrage ausgesprochen zurückhaltend verhält. Den Untersuchungsbehörden ist die Wiederherstellung von Ruhe und Ordnung wichtiger als die Entschädigung der Juden. Sie gehen leer aus und müssen zusehen, wie sie gänzlich ohne jede Hilfe von außen wieder auf die Beine kommen.

Pogrome gegen Juden werden aber nicht nur zu Beginn des 19. Jahrhunderts veranstaltet. Nein, auch noch Jahre später entbrennt des Volkes Zorn gegen die Juden. Ein Grund dafür wird immer gefunden. Schräg gegenüber von der mittelalterlichen Synagoge, in der Unteren Straße 21, erfolgt fast dreißig Jahre nach den Hepp-Hepp-Unruhen, am 29. Februar 1848, der Angriff der Schneider auf den Kleiderhändler Leopold Ehrmann. Gegen 19 Uhr stürmen die Schneider Ehrmanns Haus. Sie schlagen die Tür mit Beilen ein und zerreißen alle Kleider, die sie im Haus vorfinden. Viel zu spät kommt Hilfe, als es, nachdem der Schaden schon angerichtet ist, einem Gemeinderat und einigen Bürgern gelingt, die Eindringlinge zu vertreiben.

Im August des gleichen Jahres wirft eine aufgebrachte Menschenmenge schon um 7.30 Uhr morgens die Scheiben von Ehr-

Abb. 14: Das vormalige Haus des jüdischen Kleiderhändlers Leopold Ehrmann; Untere Straße 21.

manns Haus ein. Ehrmann kann sein Geschäft längere Zeit nicht öffnen. Warum diese Aggressivität der Schneiderzunft gegen den jüdischen Kleiderhändler?

Um diese Frage zu klären, müssen wir etwas weiter ausholen. Der gelernte Seifensieder Leopold Ehrmann hat seit 1820 das Bürgerrecht in Heidelberg. Allerdings gibt es zu viele Seifensieder in Heidelberg, sodass er mit diesem Handwerk nicht den Lebensunterhalt für sich und seine fünfköpfige Familie bestreiten kann. Das Oberamt Heidelberg erteilt ihm eine Genehmigung zum Betrieb von Kleinhandel. 1828 beschweren sich mehrere jüdische Kleinhändler bei der Kreisverwaltung über Ehrmann, weil sie sich durch ihn in ihrem Gewerbe beeinträchtigt fühlen. Ehrmann wird die Handelserlaubnis entzogen. Seiner Eingabe beim Innenministerium wird am 12. August 1828 stattgegeben, und Ehrmann darf fortan wieder Handel mit gebrauchten Kleidungsstücken treiben.

Bald geht er jedoch dazu über, von mittellosen Schneidermeistern neue Kleidungsstücke anfertigen zu lassen und zu verkaufen. Dies wird ihm von der Kreisregierung in Mannheim verboten. Wieder legt Ehrmann Einspruch ein, und das Innenministerium erteilt ihm am 29. Mai 1829 die Genehmigung für den Handel mit neuen Kleidungsstücken. Jetzt sind es nicht mehr jüdische Kleinhändler, die sich über Ehrmann beschweren, sondern die Schneiderzunft bekommt es ob seines Erfolgs mit der Angst zu tun. Sie fürchtet um ihre eigene Existenz. Der Konflikt steigert sich und weitet sich aus, bis Ehrmann schließlich nicht nur die Schneiderzunft, sondern auch die gesamte Stadtgemeinde zum Gegner hat. Der langwierige Streit mit Zunft und Stadt endet damit, dass Ehrmann seine Konzession zurückerhält, sein Handel jedoch streng auf Fertigwaren beschränkt wird. Erst im Jahr 1862 führt man in Baden beinahe zeitgleich mit der rechtlichen Gleichstellung der Juden auch die Gewerbefreiheit ein, der Ehrmann schon mehrere Jahrzehnte vorgegriffen hat.

Im Zusammenhang mit der Ehrmann-Affäre sollte vielleicht nicht unerwähnt bleiben, dass Juden seit ihrer Rückkehr nach dreihundertjähriger Abwesenheit zu Beginn des 18. Jahrhunderts bis ca. 1830 keine Geschäfte auf der Hauptstraße betreiben dürfen, ebenso wenig ist es ihnen gestattet, ihre Waren offen auszulegen, vielmehr müssen sie sich darum bemühen, potenzielle Kunden in ihr Haus zu

Abb. 15: Der Marktplatz, mit Häusern ehemals zum Teil in jüdischem Besitz.

locken, was ihnen von den christlichen Händlern den Vorwurf des „Hausierens“ einbringt, der seinerseits von den Behörden mehr oder weniger streng geahndet wird.

Nach diesen Erklärungen geht es nun von der Judengasse weiter zum Rathaus von Heidelberg. Auf dem Weg dorthin kommen wir an den Häusern um den Rathausplatz vorbei, von denen einige vor dem Zweiten Weltkrieg jüdischen Bürgern gehörten. Genau wie jüdische Betriebe und Geschäfte werden auch sie nach und nach entweder schon in der ersten Phase der „wilden Arisierung“ zwischen 1933 und 1935 oder aber in der zweiten Phase, in der die Juden systematisch aus allen Bereichen des öffentlichen und privaten Lebens ausgeschaltet werden, „arisiert“. Wann diese „Arisierung“ vonstatten geht, hängt weitgehend vom Nervenkostüm der Betroffenen ab. Nach dem Krieg werden die Häuser wie in ganz Westdeutschland, soweit möglich, entweder an ihre ursprünglichen Besitzer zurückgegeben oder aber diese erhalten eine Entschädigung dafür. Nicht, dass sie dadurch reich geworden wären: Grundlage der Kalkulation ist der Wert eines Hauses zum Zeitpunkt der mehr oder weniger freiwilligen Veräußerung, wobei eine Reichsmark mit einer Deutschen Mark gleichgesetzt wird, was teilweise zu eher lächerlich niedrigen Entschädigungssummen führt. Wie dem auch sei, jetzt stehen wir auf dem Marktplatz mit seinem Herkules-Brunnen und schauen zum prachtvollen barocken Rathausbau hinüber, in dem viele für die Juden der Stadt lebenswichtige Entscheidungen getroffen wurden und noch immer werden.

## 5. Das Heidelberger Rathaus

Nach der rechtlichen Gleichstellung und der Festigung ihrer finanziellen Lage in den 1860er Jahren beschränkt sich das öffentliche Wirken der jüdischen Bürger von Heidelberg nicht auf rein jüdische Angelegenheiten. Als Ausdruck ihres Dazugehörigkeitsgefühls und ihrer Identifizierung mit ihrer Heimatstadt drängt es viele in die Politik. So verwundert es kaum, dass zwischen 1875 und 1911 im Allgemeinen durchschnittlich vier bis fünf Juden, oder 4 %, in die Stadt-

Abb. 16: Das Rathaus, mit Herkulesbrunnen.

verordnetenversammlung gewählt werden, was ein überdurchschnittlich hoher Anteil ist. Einmal, 1909, zählt die Stadtverordnetenversammlung sogar sieben Juden, also noch mehr.

Die nächst höhere Stufe in der Erfolgsleiter ist der Aufstieg in den Stadtrat. Bis 1916 schaffen es mindestens sechs Juden in dieses hohe Gremium. Weniger Glück haben Juden dagegen auf Landes- und Reichsebene: Während des Kaiserreichs gelingt es keinem einzigen Juden, ein Mandat im badischen Landtag oder im Reichstag zu erringen.

Bis zum Beginn des 20. Jahrhunderts hängen die Juden überwiegend der nationalliberalen Partei an, erst danach deutet sich eine Wende nach links an.

### *5.1 Exkurs: Oberbürgermeister Carl Neinhaus*

Ein besonders eindrucksvolles Beispiel, wie weit man es mit einem eisernen Willen, im Amt zu bleiben, bringen kann, sei anhand von Carl Neinhaus vorgeführt. Er ist Oberbürgermeister von Heidelberg von 1929 bis 1945 und dann noch einmal von 1952 bis 1958. Zum ersten Mal wird er 1929 als Parteiloser von allen Fraktionen des Bürgerausschusses außer den Kommunisten gewählt. Bei Amtsantritt bekennt er sich in seiner Festrede als neugewählter Oberbürgermeister laut und klar zur Weimarer Verfassung.

Das hindert ihn jedoch nicht daran, sich schon bald mit den neuen Machthabern zu arrangieren, eine Attitüde, die er anlässlich einer ihrer spektakulären Aktionen alsbald unter Beweis zu stellen Gelegenheit hat: Am Morgen des 6. März 1931 lässt der für Heidelberg zuständige SA-Führer Wilhelm Ziegler die Hakenkreuzfahne über dem Heidelberger Rathaus hissen. Eigentlich hätte Oberbürgermeister Neinhaus als Herr im Rathaus und über die Stadt die Polizei herbeirufen und die Entfernung der Hakenkreuzfahne vom Rathaus anordnen müssen. Aber nichts dergleichen geschieht. Vielmehr rafft er sich erst drei Tage später, nachdem die SA ihre Fahne bereits wieder freiwillig eingeholt hat, zu einer öffentlichen Erklärung auf.

Das ist jedoch lediglich der Auftakt. Schon im Mai desselben Jahres (1931!) ergeht eine Anweisung von oben an das Wohlfahrtsamt der Stadt Heidelberg, nur solche Rechnungen von Fürsorgeempfängern einzulösen, die in christlichen Geschäften gekauft haben. Das richtet sich vor allem gegen jüdische Warenhäuser, Einheitspreisgeschäfte und Konsumvereine, aber auch gegen von Juden geführte Apotheken, und indirekt sind ebenso jüdische Ärzte betroffen, die keine „Arier" mehr behandeln und ihnen auch keine Rezepte ausstellen dürfen.

Anscheinend fühlt sich Carl Neinhaus als Parteiloser recht einsam. Um diesem Umstand abzuhelfen, tritt er im Mai 1933 der NSDAP bei und steht am 1. Mai bei der Großkundgebung zum „Tag der nationalen Arbeit" als neues Parteimitglied stolz neben NS-Größen auf der Treppe der Neuen Universität. Zu seiner Entschuldigung, wenn es eine solche überhaupt geben kann, sollte erläuternd hinzugefügt werden, dass sein Beitritt zur Partei vermutlich die unumgängliche Voraussetzung für sein Verbleiben im Amt ist – er kann sich rühmen, als einziger in Baden von 1929 bis 1945 im Amt geblieben zu sein und es auch nach dem Krieg von 1952 bis 1958 zu bekleiden. Möglicherweise ist er von der Überlegung beseelt, damit Schlimmeres zu verhüten. Um seine Arbeit als ehrlicher Verwalter der Stadt Heidelberg fortführen zu können, opfert er die jüdischen Bewohner seiner Stadt, indem er die Judenpolitik den nationalsozialistischen Massenorganisationen überlässt. Neben allen anderen Erwägungen hat Neinhaus' Parteibeitritt jedoch noch eine Nebenwirkung: Damit wird die Partei in Heidelberg praktisch „gesellschaftsfähig".

Mag sein, dass Neinhaus sich für einzelne verfolgte Juden eingesetzt hat, wie er später zu seiner Entlastung behaupten wird, was die organisierte Verfolgung betrifft, hat er sich indirekt – siehe die Gutscheine für Fürsorgeempfänger oder sein Verbot, sich in den Parks zu ergehen oder sich gar auf „Ariern" vorbehaltene Bänke zu setzen – an der Diskriminierung von Juden beteiligt oder aber sich völlig passiv verhalten. Weder durch das Hissen der Hakenkreuzfahne noch durch die SA-Aktionen am Boykott-Tag 1933 lässt Neinhaus sich zu irgendwelchen Reaktionen oder Protesten hinreißen. Nach der Reichspogromnacht in der Nacht vom 9. auf den 10. November 1938 besteht die einzige Geste dieses wendigen Oberbürgermeisters in einem schnellen Besuch der Synagoge, die um 8 Uhr morgens, als er endlich dort eintrifft, weitgehend ausgebrannt ist. Auch in die Überfälle und Ausschreitungen gegen Geschäftsräume und Wohnungen von jüdischen Heidelberger Bürgern greift er nicht ein, genauso wenig unternimmt er etwas gegen die Verhaftung aller Juden über 16 Jahren, die ins Gefängnis Heidelberg verbracht und von dort ins Konzentrationslager Dachau deportiert werden. Dabei kann die Gestapo übrigens auf die „Judenkartei" zurückgreifen, die im Bezirksamt der Stadt Heidelberg (Abteilung III Passamt) geführt wird. Insgesamt kommen 56 Juden aus Heidelberg für die Deportation nach Dachau in Frage.

Aber Oberbürgermeister Carl Neinhaus ist nicht der einzige, der angesichts von Übergriffen auf Juden und ihrer Misshandlung sowie der Zerstörung ihrer Geschäftsräume, Häuser oder Wohnungen schweigt. Die große Mehrheit der nichtjüdischen Heidelberger Bürger beteiligt sich zwar nicht aktiv an den SA-Aktionen, sie unternimmt jedoch auch nichts, um ihnen Einhalt zu gebieten. Lobend wird in diesem Zusammenhang generell noch erwähnt, dass sich nur zwei Anatomen unter den Heidelberger Hochschullehrern beteiligt haben. Und auch die Kirchen haben ihre Stimmen nicht in Protest erhoben.

Nach dem Krieg wird Neinhaus im Rahmen eines „Entnazifierungsverfahrens" 1947 als „Mitläufer" eingestuft. Daraufhin strengt er ein Wiederaufnahmeverfahren an, an dessen Ende im Jahr 1949 er als „Entlasteter" gilt. Problemlos wechselt dieser geschickte Oberbürgermeister zu Beginn der 1950er Jahre noch einmal die Partei und damit auch das politische System: Er kandidiert für die CDU und zieht für diese Partei als Oberbürgermeister in das ihm bestens vertraute Heidelberger Rathaus ein. Gleichzeitig wird er damit zum Landtagsabgeordneten, und 1956 bringt er es sogar zum Landtagspräsidenten.

Vom Marktplatz begeben wir uns nun in die in nächster Nähe gelegene Ingrimstraße, einer schmalen Gasse, die parallel zur Hauptstraße verläuft. Vor einem weißen Haus mit grauer Fenster- und Türlaibung bleiben wir stehen. Damit machen wir wieder einen Sprung zurück in die Vergangenheit, denn beim Betrachten dieses Hauses bewegen wir uns in der Zeit um 1700.

## 6. Ingrimstraße 8: Das Haus der Familie Oppenheimer

Die Familie Oppenheimer, die in diesem Haus lebt, ist eine von fünf jüdischen Familien mit dem Namen Oppenheimer, die nicht miteinander verwandt sind, wenngleich sie sich alle mehr oder weniger um die gleiche Zeit, um die Mitte des 17. Jahrhunderts, in der Stadt niederlassen, als Juden wieder in Heidelberg wohnen dürfen, nachdem ihnen der dauerhafte Aufenthalt hier seit 1390 verboten gewesen ist.

In diesem Haus in der Ingrimstraße 8, das für damalige Verhältnisse schon als recht ansehnlich gegolten haben dürfte – allerdings entspricht vor allem das Erdgeschoss mit dem Geschäft wohl nicht mehr seinem ursprünglichen Aussehen – wird Josef Süß Oppenheimer (genannt „Jud Süß“) 1698/99 geboren. Schon früh beginnt er seine Laufbahn als Hoffaktor und Kammeragent in der Pfalz, in Hessen und in Kurköln. Eine entscheidende Wende in seinem Leben tritt ein, als er 1732 den Prinzen Karl Alexander von Württemberg kennen lernt. Dieser erfasst mit einem Blick die Talente, die in diesem jungen Mann aus Heidelberg schlummern, und macht ihn zu seinem Schatullenverwalter. Doch damit nicht genug, denn Josef Süß Oppenheimer sollte noch höher steigen. Als Karl Alexander 1733 Herzog wird, ernennt er seinen Schatullenverwalter zum Geheimen Finanzrat. Wie jeder absolutistische Herrscher seiner Zeit benötigt der prunkliebende Herzog immer schneller immer mehr Geld, das ihm sein einfallsreicher Geheimer Finanzrat geschickt besorgt, indem er immer neue Geldquellen erschließt. Oppenheimer führt das Salz-, das Leder-, das Wein- und das Tabakmonopol in Württemberg ein, und er reserviert sich die Pacht einer Lotterie, der Kaffeehäuser und der Glücksspiele. Außerdem gründet er neben einer Bank auch eine Porzellan- und eine Seidenmanufaktur. Dass dabei von den immensen Geldern auch ein wenig seinen Weg in Josef Süß Oppenheimers Schatulle findet, ist nicht ganz von der Hand zu weisen. War es doch damals durchaus gängige Praxis, dass der Geldbeschaffer etwas für seine Mühen erhielt – auch heute verdienen schließlich die Banken bei jedem Geldtransfer, ohne dass man ihnen daraus den Vorwurf des Wucherns machen würde.

Aber Josef Süß Oppenheimer dient nicht nur seinem Herzog. Trotz seiner herausragenden Stellung in der nichtjüdischen Welt

Abb. 17: Das Geburtshaus von Josef Süß Oppenheimer. Ingrimstraße 8.

vergisst er seine jüdischen Mitbürger nicht, die weit weniger privilegiert sind als er und oft noch in erdrückend elenden Verhältnissen leben müssen. Nachdrücklich setzt er sich für die Rechte der Juden ein. Wo er kann, unterstützt er jüdische Wohlfahrtseinrichtungen oder gründet neue. Er gilt ganz allgemein als großer Wohltäter der Juden. „Reb Josef", so nennen ihn seine dankbaren Glaubensgenossen.

Mit seinen Neuerungen zieht er sich die Missgunst und den Hass der Menschen zu, die nur darauf warten, ihm den Garaus machen zu können. Diese Gelegenheit bietet sich ihnen früher, als sie es sich erhoffen, denn der Herzog stirbt unerwartet schon 1737, nachdem er knapp fünf Jahre geherrscht hat. Die Wut der Volksseele darf sich Luft machen, in Oppenheimer findet sie den willkommenen Sündenbock. Noch am Tag, an dem der Herzog stirbt, wird er verhaftet. Welche Verbrechen kann man ihm nachweisen? Ein Gutachten einer amtlich eingesetzten Kommission von Sachverständigen stellt ausdrücklich fest, dass die ihm zur Last gelegte Beschuldigung, nicht vollgewichtige Münzen geprägt haben zu lassen, völlig unbegründet ist. Auch die nächste Beschuldigung, derzufolge er jüdischen Kaufleuten den Zutritt nach Württemberg erleichtert und ihnen die Pacht ertragreicher Regalien übertragen habe, greift ins Leere. Mühelos kann Oppenheimer nachweisen, dass dies nicht nur nicht ohne Wissen des Herzogs erfolgt sei, vielmehr habe dieser dem voll zugestimmt. Und auch den Vorwurf, eigenmächtig Personalveränderungen innerhalb des Geheimen Rates, des damaligen Ministeriums, vorgenommen zu haben, kann Oppenheimer mit dem Hinweis entkräften, alles sei korrekt und mit dem vollen Einverständnis des Herzogs geschehen, um das in Angriff genommene Reformwerk zu verwirklichen. Was kann man ihm sonst noch vorwerfen? Einen luxuriösen Lebenswandel? Sein arrogantes Auftreten? Oder gar seine Liebschaften mit diversen Hofdamen? Schließlich wird Oppenheimer auf die Folterbank gespannt und so lange gefoltert, bis er alles eingesteht, was man von ihm zu hören verlangt. Nach der peinlichen Befragung auf der Folterbank folgt ein stark antijüdisch geprägter Schauprozess, an dessen Ende er wegen Hochverrats verurteilt und am 4. Februar 1738 in Stuttgart öffentlich durch Hängen hingerichtet wird. Die rettende Taufe unter dem Galgen hat er abgelehnt.

Abb. 18: Josef Süß Oppenheimer auf dem Schinderkarren. Rechts der Käfig, in dem er aufgehängt wurde. Zeitgenössischer Holzschnitt (1738).

Sein tragisches Schicksal wird wiederholt Gegenstand dichterischer Werke, so unter anderen in einer Novelle von Wilhelm Hauff (1827) ebenso wie in einem Schauspiel (1918) und einem Roman (1925) von Lion Feuchtwanger. Auch die Nazi-Propaganda bemächtigt sich seiner und lässt den Regisseur Veit Harlan 1940 einen antisemitischen Film mit dem Titel „Jud Süß“ drehen.

Vom Geburtshaus des unglückseligen Hoffaktors Josef Süß Oppenheimer gehen wir jetzt räumlich weiter in Richtung Universitätsplatz, bleiben aber zeitlich bei der Wende vom 17. zum 18. Jahrhundert, als Heidelberg im Pfälzischen Erbfolgekrieg (1689) gebrandschatzt und 1693 von den Franzosen zerstört wird. Um die zerstörte und verbrannte Residenzstadt schnell wieder aufzubauen, wird die Judenkonzession von 1698 erlassen. Sie gestattet zwei, höchstens drei jüdischen Familien, sich in der Stadt niederzulassen – unter der Voraussetzung, dass sie sich ein eigenes Haus bauen. Dennoch leben schon bald elf jüdische Familien in der Stadt, und es entwickelt sich ein Gemeindeleben. Allerdings dürfen sie keine eigene Synagoge bauen. Deshalb stellt Feist Oppenheimer in seinem großen Haus in der heutigen Merianstraße 3, vor dem wir jetzt stehen, einen Raum als Betsaal zur Verfügung.

## 7. Merianstraße 3: Das Haus des Feist Oppenheimer

Dieses auch heute noch stattliche Haus beherbergt also um 1700 (bis 1714) einen provisorischen Betsaal. Wo genau er sich befunden hat, ist heute nicht mehr festzumachen, denn alle Unterlagen darüber sind, wie so viele Dokumente über das jüdische Leben in Heidelberg, während der NS-Herrschaft spurlos verschwunden. Eigentlich müsste er im obersten Stock gelegen haben, denn über einem Synagogenraum darf sich eigentlich kein anderer Raum mehr befinden. Wenn der Betsaal dagegen nicht nur zum Gottesdienst, sondern, wie generell üblich, auch zum Thora- und Talmudstudium verwendet wird – auch heutzutage dient zumindest die Wochentagssynagoge diesem Zweck – darf er auch im Erdgeschoss, mit weiteren Stockwerken darüber, liegen. Diese zweite Annahme erhält zusätzliche

Unterstützung durch die Tatsache, dass im Zusammenhang mit diesem Betsaal immer wieder von eingeworfenen Fensterscheiben die Rede ist. Schon allein deswegen muss er wohl doch im Erdgeschoss gelegen haben, denn weiter oben hätten die Steine ihm weniger schaden können.

Über das Aussehen seines Inneren lassen sich, wie schon für die mittelalterliche Synagoge, lediglich Vermutungen anstellen. Im Idealfall ist es ein quadratischer oder rechteckiger Raum, im zweiten Fall in einer West-Ost-Ausrichtung, damit – und das gilt für beide Möglichkeiten – der wohl mobile Thora-Schrein an die Ostwand gestellt werden kann. Die Sitze dürften sich an den anderen drei Wänden entlang gezogen haben, mit einigen Ehrensitzen, falls dafür Platz war, an der Ostwand neben dem Thora-Schrein.

Direkt gegenüber von Feist Oppenheimers Haus entstehen um diese Zeit Jesuitenkirche und -kolleg. Aber den Jesuiten ist nicht wohl in dieser Nachbarschaft, denn sie fühlen sich durch den Lärm der Juden beim Gebet belästigt. Tatsächlich werden es wohl eher die Störenfriede gewesen sein, die sich immer wieder vor Feist Oppenheimers Haus einfinden und es unter lautem Gerufe und Geschrei mit Steinen bewerfen. Wie dem auch sei, die Jesuiten fordern, dass nicht nur die Synagoge verlegt wird, sondern dass alle in ihrer Nachbarschaft lebenden Juden von dort vertrieben werden.

In diese Zeit fällt auch ein erster Streit der jüdischen Gemeinde mit den Zünften, genauer mit der Zunft der Metzger. Im so genannten „Ochsenstreit" dringen im Februar 1711 acht christliche Metzger in das Haus des Feist Oppenheimer ein und bemächtigen sich dort gewaltsam des Fleisches und der Haut eines Ochsen, der – wohl gemäß den jüdischen Ritualvorschriften – hier geschlachtet wurde. Wie die Regelung im Hinblick auf koscheres Schlachten in Heidelberg näher aussieht, darüber schweigen sich die der Verfasserin zur Verfügung stehenden eher spärlichen Quellen aus. Es ist jedoch anzunehmen, dass die Juden eine Konzession haben, die es ihnen erlaubt, sich mit dem für ihren eigenen Bedarf benötigten Fleisch durch eigenes Schlachten zu versorgen, weil das von einem christlichen Schlachter angebotene nicht ihren rituellen Anforderungen entspricht.

Nach endlosen Querelen mit den Jesuiten gestattet die Stadt den Juden, ein Haus in der heutigen Großen Mantelgasse 1-3, das Haus

Abb. 19: Das Haus des Feist Oppenheimer. Merianstraße 3.

„Zur Blauen Lilie“, zu kaufen und unter Einhaltung bestimmter Auflagen umzubauen. Wie es ausgesehen hat, wurde schon weiter oben ausführlich geschildert. Dieser Kauf löst alsbald einen ersten ernsthaften Streit aus, der innerhalb der nun schon zahlenmäßig angewachsenen jüdischen Gemeinde dreißig Jahre lang schwelt und sich in mehr oder weniger heftigen Ausbrüchen äußert ( dazu Teil II. unten).

Von Feist Oppenheimers Haus in der Merianstraße 3 ist es nur ein paar Schritte zu einem der Hauptgebäude der Universität Heidelberg, die im Leben der Juden von Heidelberg und von auswärts im Laufe der Jahrhunderte eine ziemlich gewichtige Rolle gespielt hat. Am Ende des weitläufigen Platzes, der sich nun den Blicken darbietet, steht die Neue Universität, die einige, aber längst nicht alle Vorlesungssäle der Hochschule beherbergt. Damit dieser Bau entstehen kann, initiiert der ehemalige US-amerikanische Botschafter in Deutschland, Jacob Gould Schurman, der selbst einmal in Heidelberg studiert hat, in seiner Heimat eine breit angelegte Spendenaktion, bei der er über 500.000 amerikanische Dollar zusammenbringt. Mithilfe dieses ansehnlichen Betrags kann 1931 die Neue Universität errichtet werden. Gleich am Anfang starten die NSDAP-Stadtratsfraktion, Studentenverbindungen und der Nationalsozialistische Studentenbund einen Propagandakrieg gegen dieses mit „jüdischem“ Geld errichtete Gebäude. Die gerade erwähnten Fraktionen boykottieren denn auch die im Juni 1931 stattfindende Einweihungsfeier.

Über dem Haupteingang soll eine Plastik der Pallas Athene angebracht werden und darunter eine griffige Formel den Zweck des Baus zusammenfassen. Trotz Widerstands der schon genannten Kreise entscheidet man sich für den Vorschlag des jüdischen Germanisten Friedrich Gundolf: „Dem lebendigen Geist“. Aber nicht für lange Zeit ziert dieser Sinnspruch das Eingangsportal der Neuen Universität, denn 1936 genehmigt das Kultusministerium seine Abänderung in „Dem deutschen Geist“. Pallas Athene wird an die Rückseite des Gebäudes verbannt, ihre Stelle nimmt ein flügelschlagender Adler ein.

Wir stehen nun also vor dem Hauptportal der Neuen Universität, über dem erneut der Sinnspruch „Dem lebendigen Geist“ die

Abb. 20: Die neue Universität, mit einem Standbild der Pallas Athene und der Losung: „Dem lebendigen Geist.“ Einweihung 1931.

Abb. 21: Die Neue Universität, mit deutschem Adler und der Losung: „Dem deutschen Geist.“ 1936.

dort Eintretenden grüßt. Und auch Pallas Athene ist wieder an ihren ursprünglichen Platz darüber zurückgekehrt.

## 8. Die Universität Heidelberg

Wie die Universität Heidelberg in ihren Anfangsjahren dank der aus Heidelberg vertriebenen Juden zu ihren ersten Räumlichkeiten gekommen ist, das wurde bereits weiter oben näher dargelegt. Im Folgenden soll nun die Rede sein von den jüdischen Studenten und Professoren an der Universität, die genau wie die übrigen Juden in der Stadt den Launen des Schicksals und ihrer Mitmenschen ausgesetzt sind.

Nach der schon geschilderten Vertreibung der Juden im Jahr 1390 leben bis zum Ende des 17. Jahrhunderts keine Juden mehr in der Stadt – mit zwei Ausnahmen: Im Mai 1551 wird der Lehrstuhl der hebräischen Sprache mit dem getauften Juden Paul Staffelheimer besetzt. Im Verlauf seiner Tätigkeit dort gibt Staffelheimer eine Mahnschrift heraus, mit der er sich an seine vormaligen Glaubensgenossen wendet. Darin fordert er sie eindringlich auf, ihre Hoffnungen auf ihren Messias fahren und sich statt dessen taufen zu lassen. Wie viele Juden seiner Mahnung folgen, ist unbekannt, aber es dürften wenige oder gar keine gewesen sein, denn damals ist die Taufe in jüdischen Kreisen noch kein Thema – im Gegensatz zur Lage rund dreihundert Jahre später. Über die Dauer von Staffelheimers Wirken an der Universität Heidelberg ist nichts bekannt.

1561 wird ein weiterer getaufter Jude, Immanuel Tremellius aus Italien, zum Theologieprofessor an die Universität Heidelberg berufen und noch im gleichen Jahr zum Rektor gewählt, obwohl er nicht einmal ein Jahr an der Hochschule lehrt und auch der deutschen Sprache seiner eigenen Aussage zufolge nicht ganz mächtig ist. Tremellius wird sogar ein zweites Mal zum Rektor gewählt, sein Sohn, ebenfalls Immanuel geheißen, promoviert an der Universität. Aber selbst als Getaufter kann man sich in jenen unruhigen Zeiten seiner Stellung nie ganz sicher sein. Als der Lutheraner Ludwig VI. 1577 die Herrschaft antritt, müssen alle calvinistischen Theologen, darunter auch Tremellius gehen. In Metz wird er an der Akademie Sedan Professor des Hebräischen. Hundert Jahre später beruft der Kurfürst den jüdischen Mediziner Jakob Israel aus Freiburg trotz heftigen Widerstands seitens der Universität zum ordentlichen Professor. In diese Zeit fallen auch die Bemühungen, den jüdischen Philosophen Baruch Spinoza für Heidelberg zu gewinnen. Aber, gewitzt durch seine schlechten Erfahrungen auch unter den eigenen Glaubensgenossen, lehnt er dankend ab.

Schon im 18. Jahrhundert nimmt die Heidelberger Universität vereinzelt jüdische Studenten auf. Um 1724 werden die beiden Söhne einer Mannheimer Hofärztefamilie zum Studium zugelassen. 1807 und 1808 sowie 1809 werden zwei Konstitutionsedikte bzw. das Judenedikt verabschiedet. Sie gestatten den badischen Juden das Studium an den Hochschulen des Landes. Sie nehmen diese Möglichkeit auch eifrig wahr, denn bereits zu Beginn des 19. Jahrhunderts kommen vergleichsweise viele Juden zum Studium nach Heidelberg. Zwischen zwei und drei Prozent der Studenten sind in der ersten Hälfte des Jahrhunderts jüdischen Glaubens. Sie studieren hauptsächlich Medizin (41 %), Jura (37 %) ebenso wie Philosophie und Theologie (22 %). Sie dürfen studieren und auch promovieren oder ein Staatsexamen ablegen – aber bis in die 1860er Jahre hinein ist ihnen der weitere Weg nach oben zu einer ordentlichen Professur versperrt. Da die Universität sich als christliche Lehranstalt versteht, kann ein Jude ohne Taufe nicht Hochschullehrer werden; im besten Fall bringt er es zum Privatdozenten.

Als ein anschauliches Beispiel dafür sei das Schicksal des Juristen Siegmund Zimmern kurz geschildert. Er ist einer der ersten jüdischen Privatdozenten, die versuchen, auch ohne Taufe Professor zu werden, was ihm misslingt; deshalb lässt er sich im September 1821, also nach seiner Habilitation 1818, taufen. Aber selbst dann kann er in Heidelberg nicht Fuß fassen, sondern folgt einem Ruf an die Universität Jena. Anscheinend fürchten die Mitglieder der verschiedenen Fakultäten das Eindringen jüdischer Gelehrter in ihren exklusiven Zirkel an der Universität, wo sie ihnen möglicherweise einträgliche und angesehene Pfründen streitig machen könnten.

Ein zweiter Name, der in diesem Zusammenhang immer wieder fällt, ist der von Gabriel Riesser, Jurist wie Zimmern. Aber im Gegensatz zu Zimmern lässt er sich nicht taufen. Allerdings strebt er wohlweislich keine Hochschulkarriere an, sondern wird statt dessen Publizist und tritt für die bürgerliche Gleichstellung der Juden ein. 1848/49 ist er Mitglied des Frankfurter Vorparlaments, Abgeordneter in der Paulskirche und Vizepräsident der Nationalversammlung.

Nur einem Juden gelingt es in der ersten Hälfte des 19. Jahrhunderts in Heidelberg, auch ohne die Taufe zum Ordiniarius aufzusteigen – wenngleich er dafür eine demütigende fünfundzwanzigjährige Wartezeit in Kauf nehmen muss: dem Orientalisten Gustav Weil. Er habilitiert 1836 und wird jahrzehntelang billigst in der Universitätsbibliothek beschäftigt, während dessen er seine eindrucksvollen Forschungsprojekte vorantreibt. Er hat unter anderem die „Geschichten aus tausendundeiner Nacht" ins Deutsche übertragen. Erst im Alter von 53 Jahren wird er 1861 in den sicheren Status eines Ordinarius versetzt.

Nach der Emanzpation in den 1860er Jahren zieht die Universität Heidelberg dank ihres liberalen Klimas zahlreiche jüdische Studenten aus Baden, aber auch aus Preußen, Bayern und Hessen und aus dem Ausland, hier vorrangig aus Russland, an. Auch nach der Jahrhundertwende (um 1900) sind Medizin und Jura die gesuchtesten Fächer für jüdische Studenten. Seit 1900 dürfen Frauen in Baden studieren, und gleich im ersten Semester nach der Zulassung studieren zwei Jüdinnen – von insgesamt vier immatrikulierten Frauen – Medizin.

Für die Professoren sind bessere Karrieremöglichkeiten an der Universität auch nach der rechtlichen Gleichstellung immer noch ein Grund für eine Taufe. Aber selbst wenn sie sich nicht taufen lassen, verkehren jüdische Professoren eher in ihren eigenen Kreisen, als dass sie aktive Mitglieder in der jüdischen Gemeinde werden. Daran hat sich, bis auf ein oder zwei Ausnahmen, bis zum heutigen Tag wenig geändert.

Noch in der Weimarer Republik erfreut sich die Universität Heidelberg des Rufes einer liberalen „Musteruniversität". Zu Beginn der 1920er Jahre stellen jüdische und getaufte jüdische Hochschullehrer am Lehrkörper der Universität 18 Prozent. Das ist ein einsamer Gipfel, der während der Weimarer Zeit konstant bleibt, anschließend aber kontinuierlich zurückgeht, bis er bei null Prozent endet.

Genauso wenig wie die Heidelberger jüdischen Professoren sind die jüdischen Studenten in die jüdische Gemeinde integriert, wenngleich eine nicht geringe Zahl von ihnen bei jüdischen Familien unterkommt. Nach Berlin und Frankfurt ist Heidelberg bei jüdischen Studenten am beliebtesten, und 1929 stellen sie 10 % Prozent aller Studierenden. Berühmte Namen aus dieser Zeit sind neben Nahum Goldmann, dem späteren Präsidenten der World Zionist Organization, Erich Fromm und Walter Benjamin, der vergeblich versucht, sich in Heidelberg zu habilitieren.

Kaum ein anderer Bereich der öffentlichen Verwaltung in Heidelberg ist so stark von den Eingriffen der neuen Machthaber betroffen wie die Universität. Die Juden werden sozusagen in drei Wellen ausgeschaltet: Die erste beruft sich auf das „Gesetz zur Wiederherstellung des Berufsbeamtentums“ vom April 1933, die zweite auf das „Reichsbürgergesetz“ vom September 1935, und wer dann noch geblieben ist, dem gegenüber bedient man sich unterschiedlicher Tricks, um sich über die fehlende Rechtsgrundlage hinwegzusetzen.

Nach 1933 sind insgesamt 65 Dozenten von der nationalsozialistischen rassistischen Gesetzgebung betroffen, die schrittweise aus der Universität vertrieben werden: fünf Dozenten sind bereits emeritiert, einer befindet sich im Habilitationsverfahren, ein Assistent schickt sich an zu habilitieren. Zu den 58 aktiven jüdischen oder jüdischstämmigen Dozenten zählen 21 Ordinarien, zwei planmäßige außerordentliche Professoren, acht Honorarprofessoren, 16 außerordentliche Professoren, zehn Privatdozenten und ein Lehrbeauftragter. Gleich 1933 verlassen 27 aktive jüdische oder jüdischstämmige Dozenten den Universitätsdienst, nach dem Erlass der Nürnberger Gesetze von 1935 werden 23 weitere entlassen, nach dem des Deutschen Beamtengesetzes von 1937 verlieren acht jüdische bzw. jüdischstämmige Dozenten ihre Stelle. Das bedeutet, dass von 201 aktiv lehrenden Dozenten 28,8 % des Lehrkörpers vertrieben werden. Die „arischen“ Studenten unterstützen diese Verwaltungsmaßnahmen mit aggressiv antisemitischen Tönen. Wo nötig, organisieren sie einen Vorlesungsboykott um jüdische – getaufte wie nicht getaufte – Professoren und Dozenten zum Aufgeben ihres Lehrauftrags zu zwingen. Nach 1945 ist die Rückkehr schwierig; die meisten Lehrstühle sind bereits besetzt oder die geflohenen Dozenten wollen nicht mehr zurückkommen.

Dass die Vergangenheit nicht so bald überwunden ist, beweist die Festschrift zum Universitätsjubiläum von 1986 anlässlich des achthundertjährigen Bestehens der Universität: Sie endet im Jahr 1933.

Der Universitätsplatz, den der kühle, streng geometrische, weiße Bau mit den hohen Fenstern und dem schwarzem Dach darüber im Süden begrenzt, ist bis zu Beginn des 18. Jahrhunderts ein Exerzierplatz. Anlässlich der 550-Jahr-Feier 1936 dient er erneut als Aufmarschstätte, diesmal für nationalsozialistische Kundgebungen. Zu einer der am wenigstens rühmlichen Manifestationen auf dem Platz dürfte wohl die Bücherverbrennung am 17. Mai 1933 gehören, für die die Bestände der Universitätsbibliothek gründlich von kritischer, linker und jüdischer Literatur „gereinigt" werden. Nach dem Novemberpogrom 1938 werden Thora-Rollen und Gebetbücher und anderes Brennbares aus der Synagoge und ihren Verwaltungsräumen in der Großen Mantelgasse in einem feierlich inszenierten Auto-da-fé hier öffentlich den Flammen übergeben. Ebenso muss wohl in den Archiven der Stadt gründlich nach Jüdischem gesucht worden sein, sonst ist das Fehlen von Unterlagen aus der Zeit davor kaum erklärlich.

Vom Universitätsplatz begeben wir uns zur Universitätsbibliothek, gehen an ihr vorbei und bleiben am Tor zur Theodor-Heuss-Schule stehen. Damit machen wir erneut einen Sprung zurück ins ausgehende Mittelalter.

## 9. Der erste jüdische Friedhof an der Plöck

Hier, im Schulhof der Theodor-Heuss-Schule an der Plöck, zwischen Sandgasse und Theaterstraße bei der Turnhalle, lag einst der erste Judenfriedhof von Heidelberg. Äußerlich erinnert heute absolut nichts mehr an diesen „Judenkirchhoff", eine etwas seltsame Bezeichnung für einen jüdischen Friedhof. Und auch greifbare materielle oder schriftliche Spuren haben sich kaum erhalten, nur ein paar knappe Erwähnungen, das ist alles, was man über seine Existenz weiß.

Deshalb ist seine Geschichte schnell erzählt. 1344 wird ein *hortus judeorum* zum ersten Mal erwähnt. Nach dem Pestpogrom 1349/50 erlaubt Pfalzgraf Ruprecht I. Juden aus Worms und aus Speyer, sich in Heidelberg niederzulassen. Mit einer wachsenden Bevölkerung wächst naturgemäß auch die Zahl der Todesfälle. Der Friedhof wird zu klein. Deshalb gewährt derselbe Pfalzgraf 1379 den Juden auf „ewiglich" die Gräberfläche so auszudehnen, dass sie bis einschließlich zu der längs dem Friedhofsbereich in Stadtrichtung verlaufenden Gasse reicht.

Die von Ruprecht I. beschworene „Ewigkeit" geht gleich nach seinem Tod zu Ende. Denn bekanntlich vertreibt sein Neffe und Nachfolger Ruprecht II. 1390 die Juden aus der Stadt. Bei dieser Gelegenheit schenkt er der frisch gegründeten Universität nicht nur die ehemalige Synagoge und die Häuser der Juden in der Judengasse (der heutigen Dreikönigstraße) und in der Unteren Straße, nein auch den Friedhof, zu dem ein Haus gehört, übergibt er der Universität. Bei dem in der Übertragungsurkunde genannten Haus handelt es sich vermutlich um das Haus des Friedhofwärters. Eine Leichenhalle kann es nicht gewesen sein, denn diese Einrichtung gibt es auf jüdischen Friedhöfen erst seit dem 18./19. Jahrhundert.

Wie der Friedhof selbst ausgesehen haben mag, weiß man nicht mehr, denn davon hat sich keine Abbildung erhalten. Eine ungefähre Vorstellung erhält man aber dennoch, wenn man dem jüdischen Friedhof in Worms einen Besuch abstattet. Es ist der älteste, noch erhaltene Friedhof in ganz Deutschland, der älteste Grabstein datiert aus dem Jahr 1076. Im so genannten „Rabbinental", wiederum dem ältesten Teil, stehen einfache rechteckige Grabsteine senkrecht am Kopfende eines Grabes und blicken in Richtung Jerusalem. Genau wie bei dem in Heidelberg gefundenen Steinfragment, Näheres dazu gleich weiter unten, ist die Schrift vertieft, ein vortretender Rand schließt den Stein oben horizontal oder aber in einem Bogen ab. Gräberreihe folgt auf Gräberreihe, nicht besonders ordentlich hintereinander, inzwischen etwas schief und zum Teil nach vorne oder nach hinten geneigt. Aber die Grabsteine sind ja auch sehr alt.

Abb. 22: Fragment vermutlich eines Grabsteins aus dem ersten jüdischen Friedhof. Ca. 1390.

Möglicherweise sind sie im Laufe der Jahrhunderte umgestürzt und wurden wieder neu aufgestellt.

Zurück nach Heidelberg und zum ersten jüdischen Friedhof. Die gesamte Fläche verpachtet die Universität 1397, und jetzt wird sie tatsächlich als Garten genutzt. Da sie mit den Grabsteinen nichts anzufangen weiß, verkauft sie sie einem namentlich nicht genannten Pfarrer zur weiteren – wohl profanen – Verwendung. Diese Annahme wird durch den Fund eines Steinfragments wenn auch nicht bestätigt, dann aber doch verstärkt. Als 1971 ein Haus in der Unteren Straße 20 restauriert wird, findet man im Hausflur eine Steinplatte, die als das Bruchstück eines Steins mit hebräischer Inschrift erkannt wird. Die Inschrift hat sich erhalten, weil sie nach unten lag. Es ist ganz eindeutig das linke obere Viertel eines Steins aus rotem Sandstein. Die Schriftfläche ist vertieft, die hebräischen Buchstaben sind in den Stein gemeißelt und sie werden von einem vorstehenden Rand horizontal abgeschlossen. Da die wenigen, schön geschriebenen, entzifferbaren Buchstaben – *ha-se we-ad ha-[ch] / k ascher hutzchati / ha jaschisch ha-chad* – kaum einen Sinn ergeben, die Rede ist auf jeden Fall von „dem … Alten", lässt sich seine ursprüngliche Zweckbestimmung nur noch ungefähr als Grabstein bestimmen. Das wird weiter gestützt durch sein Aussehen. Demnach dürfte es sich mit großer Wahrscheinlichkeit um den Rest eines jüdischen Grabsteins von diesem ersten Friedhof am südlichen Ende der Sandgasse handeln.

## 10. Der zweite jüdische Friedhof am Klingenteichtor

Wir sind vom ersten jüdischen Friedhof neben der Universitätsbibliothek in Richtung Gaisberg gegangen, haben zwei Straßen überquert, das Klingenteichtor durchschritten und sind nach kurzem Klettern den Berg hinauf linker Hand vor dem Tor des zweiten jüdischen Friedhofs, dem am Klingenteichtor, angelangt.

Im Zusammenhang mit dem ersten jüdischen Friedhof war von einem *hortus judeorum* die Rede, von dem leider nichts mehr zu sehen ist. Jetzt, da wir vor dem Tor des zweiten stehen, bekommen wir eine Ahnung, wie der erste jüdische Friedhof ausgesehen haben mag.

Abb. 23: Der zweite jüdische Friedhof am Klingenteichtor (1700-1876). Das Eingangstor.

Eine Backsteinmauer, darin zwischen zwei Sandsteinpfeilern eingelassen ein zweiflügliges schmiedeeisernes Eingangstor mit spitzen Pfeilen oben an den Stäben, wohl um ungebetene Besucher fernzuhalten. Hinter den Stäben ein verschwiegener Garten. Zwei Schilden gleich schmücken zwei runde Metallscheiben das Tor, die linke (wenn man davor steht) verziert mit einer geharnischten Hand, die eine Sichel hält, die zweite zeigt eine Taube im Flug. Beides sind im jüdischen Verständnis keine, das sei hier ausdrücklich betont, keine Symbole für Seele und Tod. Als eine mögliche Interpretation könnte man beide, Taube und Sichel, als Namenssymbol begreifen, denn auf Grabstein Nr. 87 steht der Familienname Sichel, der zu dem Ehepaar August Sylvester Sichel und Amalia Sichel, geborene Gumpel, gehört. Vielleicht trug die Frau den Kosename „Täubche“ oder aber der Ehemann oder auch die Frau hörte auf den hebräischen Namen „Jona“, der sowohl für Männer als auch für Frauen möglich ist. Damit hätten wir zwei Namenssymbole.

Eine zweite Interpretation könnte darin eine messianische Symbolik vermuten. Demnach würde die Sichel auf die Mondsichel verweisen, die für den Ablauf der Zeit schlechthin steht oder vom Ablauf der irdischen Zeit ausgeht, auf die die messianische folgt. Unter den Vögeln sind vor allem Tauben als Symbole beliebt, weil sie durch die Geschichte von der Sintflut als Symbole für Rettung und Frieden schlechthin gelten. Noach hat von der Arche inmitten der Wassermassen eine Taube ausgeschickt, die mit einem Zweig im Schnabel zurückkehrt. Das ist für Noach das Zeichen, dass Land und damit auch Rettung nahe sind. Oder aber, die dritte Interpretationsmöglichkeit, die Heidelberger Juden waren schon zu Beginn des 18. Jahrhunderts dermaßen assimiliert, dass sie sich die christliche Symbolik, eben Seele = Taube und Tod = Sichel, zu eigen gemacht haben, was zu jenem frühen Zeitpunkt allerdings eher unwahrscheinlich ist.

Das Tor öffnet sich, und wir betreten den „Ort des Lebens“. Als dieser Friedhof um 1700 eröffnet wird, liegt er noch außerhalb der Stadtmauern. Schon seit 1697 verhandeln die Juden von Heidelberg mit der kurfürstlichen Regierung über die Zuteilung eines neuen Begräbnisplatzes, nachdem ihnen ein Grundstück im Hopfengarten östlich der heutigen St.-Anna-Kirche auf dem Grundstück Plöck 6, für das sie schon den vollen Kaufpreis entrichtet haben, auf eine Anweisung des Kurfürsten Philipp Wilhelm aus dem Jahr 1689 wieder fortgenommen worden ist. Das neue Grundstück erfüllt die Auflagen der christlichen Mitbewohner, denn es ist für sie – zumindest zum damaligen Zeitpunkt – unsichtbar, vor allem, nachdem auch noch ein Holzzaun sls Abschirmung davor kommt und das „Totenhäuschen" nicht höher als ein Stockwerk werden darf und überdies aus Holz gebaut sein muss.

Bis zum Jahr 1876 können die jüdischen Bewohner Heidelbergs hier ungestört ihre Toten begraben, seit 1702 dürfte es mehr als 500 Beerdigungen gegeben haben. Dann ändern sich die äußeren Umstände. Im Dezember 1874 bildet sich eine Bürgerinitiative und verlangt die Verlegung des israelitischen „Kirchhofs" – hier taucht diese unpassende Bezeichnung für einen jüdischen Friedhof zum zweiten Mal auf. Anwohner, denn inzwischen ist die Stadt in Richtung des zweiten Friedhofs gewachsen, berufen sich auf gesetzliche Bestimmungen, nach denen die badische Regierung bereits seit 1824 fordert, alle Friedhöfe in Wohnnähe aufzuheben und außerhalb der Städte neue anzulegen. Überdies, so behaupten sie, stiegen vom Friedhof „schädliche Miasmen" auf, was immer das sein mag. Nun bietet der Gemeinderat der jüdischen Gemeinde einen „gesonderten Raum" auf dem Bergfriedhof an. Schließlich einigen sich Stadt und Gemeinde auf das Bootzische Grundstück südlich des Bergfriedhofs. Der alte Friedhof am Klingenteichtor soll zur Erleichterung der jüdischen Gemeinde nicht verlegt, sondern nur geschlossen werden, so dass die Gräber dort nicht angerührt werden. Nach dieser Einigung findet die letzte Beerdigung auf dem alten Friedhof im September 1876 statt, die erste auf dem neuen bereits im Oktober des gleichen Jahres.

Der alte Friedhof am Klingenteich befindet sich also weiterhin im Besitz der Gemeinde und wird von ihr wohl auch gepflegt. Das ändert sich schlagartig, als im Oktober 1940 der Großteil der jüdischen Heidelberger Bürger nach Gurs in Südfrankreich deportiert wird. Zwei Jahre später, 1942, verkauft die Reichsvereinigung der Juden in Deutschland, genau wie schon den alten Synagogenplatz, auch den Friedhof am Klingenteichtor an die Stadt Heidelberg. Sogar der Kaufpreis ist ähnlich hoch oder niedrig, je nachdem, wie man es betrachtet: Er beträgt 9830 Reichsmark. Dieser Betrag soll den

Quellen der Verfasserin dieser Zeilen zufolge jedoch nie gezahlt worden sein! Eigentlich hat die Stadt vor, den Friedhof in eine Grünanlage umzugestalten. Daraus wird aber nichts, denn auf einem Teil des Grundstücks wird, es ist ja Krieg, ein Luftschutzraum errichtet. Während der Bauarbeiten werden die meisten Grabsteine umgestoßen, so dass viele der alten Steine zu Schaden kommen. Nach 1945 zögert die Stadt einige Zeit, ihn wieder herauszugeben. Erst muss die Jewish Successor Organization ihn beschlagnahmen, damit er wieder zurück in den Besitz der Heidelberger jüdischen Gemeinde gelangt.

Genauso schwer tut sich die Stadt Heidelberg mit der gründlichen Wiederherstellung des Friedhofs. Als zunächst der Schutt weggeräumt wird, dürften viele Bruchstücke der heute fehlenden Steine für immer verschwunden sein. Die Renovierung geht nur schleppend voran. Dann endlich, in den 1970er Jahren wird der Friedhof am Klingenteichtor wieder instand gesetzt. 1983 lässt die Stadt zusammen mit der Hochschule für Jüdische Studien in Heidelberg alle noch vorhandenen Grabsteine sorgfältig dokumentieren und publizieren (1. Auflage Dezember 1984).

Es erweist sich, dass von der großen Zahl von Grabsteinen, vermutlich mehr als 500, lediglich noch 180 Steine existieren, von denen der älteste Stein das Datum 1776 trägt, er also, gemessen am Alter des Friedhofs, reichlich jung ist. Ungefähr ein Zehntel aller Steine ist so stark verwittert, dass die Inschriften kaum lesbar sind. Auf eine zeitbedingte Verwitterung allein kann man das wohl nicht zurückführen.

Nun zurück zu unserem Besuch auf dem Friedhof. Nachdem alle anwesenden Männer ihren Kopf bedeckt haben, mit einer *Kippa* oder einer Mütze, denn das erfordert die Achtung vor den Toten, dass wir uns ihnen mit der gebührenden Achtung nähern, und dazu gehört für Männer und verheiratete Frauen eine Kopfbedeckung, steigen wir eine Treppe hinauf und haben nunmehr den Friedhof vor uns. Ein Weg führt rechter Hand den Hang hinauf, ein zweiter, kürzerer leitet uns nach links. Dieser Teil besteht aus jenen frühen, nur hebräisch beschrifteten Sandsteinen, die oben bogenförmig wie die Gesetzestafeln abgerundet sind. Der Eindruck, der sich dem Betrachter bietet, ist der eines Bilds von Geschlossenheit und Einheitlichkeit, das ihm die tiefen religiösen Wurzeln dieser Gemeinde offenbart. Da die Aufstellung der Steine nicht mehr der Lage der Gräber entspricht, sollte der Besucher es vermeiden, zwischen den Grabsteinen umherzuwandern, denn dabei tritt er notgedrungen auf Gräber und stört so die Ruhe der Toten.

Wenden wir uns jetzt dem oberen Teil des Friedhofs zu, fällt sofort das andere Erscheinungsbild ins Auge. Hier häufen sich die Grabsteine, die eine hebräische und eine deutsche Inschrift aufweisen. Auch die Formen werden individueller. Es gibt Doppelgräber, meistens für Ehepaare, Grabsteine mit spitz zulaufendem oberen Abschluss, abgebrochene Säulen und Obelisken. Der Dekor besteht zum einen in der hebräischen Schrift, die ja schon an sich höchst dekorativ ist, besonders, wenn sie, wie bei einigen Grabsteinen als schmückendes Element verwendet wird und als solches dem Rundbogen ebenfalls im runden Bogen folgt oder aber wenn sie nicht in den Stein eingemeißelt ist, sondern erhaben hervortritt, wie das bei zwei erhaltenen Grabsteinen der Fall ist.

Auf den ältesten Grabsteinen und nur dort, sind Pinienzapfen zu sehen, manchmal gleich drei an der Zahl, dann sitzt der mittlere genau im Scheitel des Bogens. Schon seit der Antike ist der Pinienzapfen ein Zeichen für Fruchtbarkeit und Leben, in der christlichen Kunst ein Zeichen für Lebenserneuerung, eine Symbolik, die anscheinend vom Judentum übernommen wurde. Ein beliebtes Schmuckelement in der Zeit um 1800 sind allerlei Girlanden, die auf einer Reihe von Grabsteinen zu sehen sind. Wie auf anderen jüdischen Friedhöfen ziert auch auf dem Friedhof am Klingenteichtor eine Kanne mit oder ohne Auffangschale das Grab eines Leviten und die erhobenen Hände mit in der Mitte beim Priestersegen gespreizten Fingern das eines Kohen. Blütenkapitelle, stilisierte Drei- und Fünfpassbögen, Siegerkränze und Blattwerk kennzeichnen die Gräber aus dem späteren 19. Jahrhundert und sind als Ausdrucksformen einer Emanzipation der Juden auch in Heidelberg zu verstehen.

Genau wie unten wurden die Grabsteine auch in diesem oberen Teil des Friedhofs ohne jeden Bezug zu möglichen Gräbern wieder aufgestellt. Deshalb gilt hier das Gleiche wie für den unteren Teil, nämlich, dass man sich möglichst nur auf den Wegen halten sollte. Im übrigen wäre, bevor wir diesen zweiten Friedhof der jüdischen Gemeinde in Heidelberg verlassen, anzumerken, dass die Grabsteine

Abb. 24: Der zweite jüdische Friedhof am Klingenteichtor (1700-1876). Ältere Grabsteine. 18. Jahrhundert.

Abb. 25: Der zweite jüdische Friedhof am Klingenteichtor (1700-1876). Neuere Grabsteine. 19. Jahrhundert.

zumindest in einem der beiden Teile falsch aufgestellt sind. Die Inschriften im unteren Teil blicken auf die Inschriften im oberen Teil und das dürfte eigentlich nicht so sein. Die Blickrichtung im unteren Teil, nach Osten und damit nach Jerusalem, ist die richtige. Demnach sind die Grabsteine im oberen Teil falsch herum aufgestellt. Diese Tatsache wird in der Literatur nur einmal ganz knapp ohne jede Begründung angedeutet, wurde bisher aber sonst nicht weiter thematisiert oder näher diskutiert. Vielleicht ist es an der Zeit, sich mit dieser Erscheinung einmal näher zu befassen, passt sie doch so gut zu den falschen Daten und Texten, von denen schon weiter oben die Rede war und die auf eine ganz bestimmte Art von Geschichtsverständnis in der Stadt Heidelberg schließen lassen.

Mit dieser Bemerkung verlassen wir den zweiten jüdischen Friedhof am Klingenteichtor endgültig. Auf der zweiten Seite des Klingenteichtors, zur Stadt hin, gibt es einen Brunnen, aus dem Wasser tröpfelt. Es reicht, um sich damit die Hände zu spülen und sie anschließend an der Luft trocknen zu lassen.

Mit dem Besuch des jüdischen Friedhofs am Klingenteichtor ist der „klassische" Rundgang durch das jüdische Heidelberg eigentlich beendet. Wer jetzt noch die Kraft dazu hat, kann die nächsten vier Stationen aufsuchen oder sie sich für einen anderen Tag aufheben. Die Verfasserin dieser Zeilen empfiehlt dem Interessierten eine kurze Stippvisite zu den ersten beiden gleich im Anschluss beschriebenen Zielen, dem Zentralarchiv zur Erforschung der Geschichte der Juden in Deutschland in der Bienenstraße 5 und der Hochschule für Jüdische Studien in der Friedrichstraße 9, die ja beide in der Altstadt günstig in nächster Nähe beieinander liegen, und beide Häuser von außen in Augenschein zu nehmen. Für den Besuch der dritten Synagoge in der Häusserstraße 10-12 in der Weststadt und des dritten jüdischen Friedhofs auf dem Bergfriedhof sollte man sich schon etwas mehr Zeit nehmen. Um die Synagoge auch einmal von innen zu sehen, sollte man sich einer Gruppe anschließen, die Führungen anbietet. Nähere Einzelheiten dazu erfährt der Interessierte bei einem Anruf bei der jüdischen Kultusgemeinde.

Auch für den Besuch des jüdischen Friedhofs auf dem Bergfriedhof braucht man etwas mehr Zeit. Wer an einer Führung teilnehmen möchte, werfe am besten einen Blick in die Rhein-Neckar-Zeitung, in der Führungen auch auf dem jüdischen Friedhof, durchgeführt vom Kulturreferat der Stadt Heidelberg, angekündigt werden.

Für diejenigen, die allein weitermachen oder auch nur einen schnellen Blick auf die nächsten zwei angekündigten Stationen werfen möchten, stürzen wir uns wieder ins Gewimmel der Altstadt und bahnen uns den Weg bis zur Bienenstraße, die in unmittelbarer Nähe zum Marstallhof liegt. Durch ein Tor gelangen wir in einen Hof und stehen dann vor unserer nächsten Station. Hier befassen wir uns gleich mit einem ganz anderen Thema – oder doch nicht ganz so anders.

## 11. Das Zentralarchiv zur Erforschung der Geschichte der Juden in Deutschland in der Bienenstraße 5

Zugegeben, das ist eigentlich kein Ort für einen Rundgang, denn äußerlich ist diesem Haus im Hof nicht anzusehen, welche Schätze es birgt und welche Arbeit in seinen Räumen geleistet wird. Auch ist der Zutritt erst nach einer Anfrage gestattet und auch dann generell nur, wenn der Besucher einen guten Grund wie Forschung im Dienst der Wissenschaft hat. Dennoch soll zumindest seine Existenz erwähnt und sollen seine Aufgaben kurz skizziert werden.

Es ist also, wie schon sein Name besagt, ein Archiv, und es befindet sich, genau wie die im Anschluss vorgestellte Hochschule für Jüdische Studien, in der Trägerschaft des Zentralrats der Juden in Deutschland. Seine Gründung geht auf das Jahr 1987 zurück. Damit wird an seinen Vorgänger, das Gesamtarchiv der deutschen Juden, das von 1905 bis 1939 in Berlin existierte, angeknüpft. Wie dieses hat es vorrangig die Aufgabe, historisch wertvolle schriftliche Zeugnisse von jüdischen Gemeinden, Verbänden, Organisationen und Personen zu sammeln, aufzubewahren und zu erschließen, und es kommt dieser Aufgabe auch fleißig nach. Immerhin verfügt das Archiv über eine Magazinkapazität von 1500 laufenden Metern. Es beschäftigt vier Mitarbeiter, darunter den Leiter, Dr. Peter Honigmann. Ein Beirat, gebildet aus Personen des öffentlichen jüdischen und nichtjüdischen Lebens, beschließt die Richtlinien für die Arbeit des Archivs.

Jüdische Gemeinden in ganz Deutschland können ihre Akten dem Zentralarchiv übergeben, sie müssen es aber nicht. Viele nehmen diese Gelegenheit aber dankbar wahr, in ihren eigenen Räumen Platz für neue Unterlagen zu schaffen, indem sie die alten Aktenbestände dem Zentralarchiv anvertrauen, das ihre Akten dauerhaft und noch dazu kostenlos lagert. Jeder, der mit alten Akten eines Vereins oder Unternehmens zu tun hat, weiß, wie wohltuend solch eine Möglichkeit ist. Dank dieser Bestände aus Gemeindebesitz eröffnet sich nun andererseits dem Wissbegierigen, der den einen oder anderen Aspekt jüdischen Gemeindelebens in Deutschland nach 1945 für eine wissenschaftliche Arbeit erforschen möchte, eine faszinierende Welt – vorausgesetzt, er hat die Genehmigung zu ihrer Durchforstung erhalten.

Besonders eindrucksvoll ist die Friedhofsdokumentation, die das Zentralarchiv bisher schon zusammengetragen hat. In der Bundesrepublik gibt es nach Schätzung des Archivs ungefähr 2000 jüdische Friedhöfe, die Gesamtzahl der Grabsteine schätzt es auf rund 600 000. Da viele Grabsteine von Verwitterung und Zerstörung bedroht sind, arbeiten die unterschiedlichsten Gruppen und Einrichtungen und auch Einzelpersonen schon seit nahezu dreißig Jahren an einer Dokumentation der Inschriften. Anfangs hat sich auch das Zentralarchiv vor allem an der Fotodokumentation von Friedhöfen hauptsächlich in Baden-Württemberg und Niedersachsen direkt beteiligt. Inzwischen beschränkt es sich darauf, eine Übersicht über alle Projekte zur Dokumentation jüdischer Grabinschriften systematisch zusammenzustellen. Gegenwärtig gibt es eine solche Übersicht bereits für die Bundesländer Baden-Württemberg, Bremen, Niedersachsen und Nordrhein-Westfalen. Übersichten jüdischer Friedhöfe in anderen Bundesländern sind gegenwärtig noch in Arbeit. Zu den schon fertigen Übersichten gibt es stets begleitende Literaturhinweise.

Ein weiterer Schwerpunkt, um den sich das Zentralarchiv bemüht, ist das systematische Sammeln von Mitteilungsblättern und Rundbriefen der einzelnen Gemeinden ebenso wie von Zeitungen und Zeitschriften und ähnlichen Veröffentlichungen. So sind zum Beispiel die Veröffentlichungen der Jüdischen Kultusgemeinde Heidelberg seit dem Jahr 1988 lückenlos vorhanden, auch solche Projekte wie die Gemeindezeitung *Kol*, „Die Stimme", von der im Jahr 1996 lediglich eine einzige Nummer herausgekommen ist und die dann nach einem furiosen Auftritt mit einem Wimmern verstummte.

Daneben sammelt das Zentralarchiv die Unterlagen von in der Öffentlichkeit bekannten Personen wie Schriftstellern und Journalisten. Welche genau, erfährt der Interessierte, wenn er die Website des Zentralarchivs – mit Auskünften über weitere Projekte – besucht (www.uni-heidelberg.de/institute/sonst/aj/).

Von der Bienenstraße geht es zurück auf die Hauptstraße und von dort zur Friedrichstraße, die kaum mehr als einen Katzensprung entfernt ist. Dort, in einem Haus aus rotem Sandstein, ist eine weitere, nicht nur für die jüdische Gemeinde in Heidelberg wichtige Einrichtung.

## 12. Die Hochschule für Jüdische Studien in der Friedrichstraße 9

Schon einmal, bis 1939, hat es eine auf der ganzen Welt berühmte Hochschule für die Wissenschaft des Judentums in Berlin gegeben, an der eminente Gelehrte und Rabbiner unterrichteten. Daneben existierte auch eine Reihe von Rabbinerseminaren. Sie alle konnten zwar das Rabbiner-Diplom verleihen, ein allgemeiner akademischer Abschluss war jedoch an keiner möglich.

Diese Leistung erbringt jetzt die Hochschule für Jüdische Studien. Sie hat im Wintersemester 1979/80 ihre Tore für jüdische und nichtjüdische Studierende geöffnet, nachdem der Zentralrat der Juden in Deutschland in enger Zusammenarbeit mit der Ruprecht-Karls-Universität Heidelberg eine wissenschaftliche Ausbildungsstätte geschaffen hat. Seit 1981 ist die Hochschule für Jüdische Studien staatlich anerkannt und verleiht den akademischen Grad eines Magister Artium, seit Mitte der 1990er Jahre ist auch die Promotion in jüdischen Geisteswissenschaften möglich.

An wissenschaftlichen Fächern werden Bibel und jüdische Bibelauslegung, Talmud, Codices und rabbinische Literatur, hebräische Sprache und Literatur, die Geschichte des jüdischen Volkes ebenso wie jüdische Philosophie und Geistesgeschichte angeboten.

Abb. 26: Hochschule für Jüdische Studien. Friedrichstraße 9. Das Hauptgebäude.

Als Ergänzungsfächer kommen jüdischer Gottesdienst und synagogale Musik, jüdische Kunst und zeitgenössisches Judentum hinzu. Da zumindest für die Fächer Bibel, Talmud, Codices sowie rabbinische und hebräische Literatur die Kenntnis des Hebräischen erforderlich ist, werden auch Sprachkurse in Alt- und Neuhebräisch, also *Iwrit*, sowie Lektürekurse angeboten.

Aber wir haben es mit einer Hochschule zu tun. Deshalb werden Studierende nicht nur auf eine berufliche Tätigkeit in den jüdischen Gemeinden vorbereitet, sondern ihnen wird auch ein breites Spektrum von Forschungsgebieten angeboten. Dazu zählt die Untersuchung von hebräischen Handschriften in Deutschland ebenso wie die Erfassung und Dokumentation jüdischer Friedhöfe auf dem Gebiet der Bundesrepublik. Außerdem sind noch viele Zeugnisse über die Geschichte und kulturelle Tradition der Juden in Deutschland zu sammeln und wissenschaftlich auszuwerten. In der Vergangenheit wurde von der Hochschule der Wissenschaft des Judentums in Berlin noch vor 1933 ein erster Band über das 13. Jahrhundert mit einer Chronik der jüdischen Gemeinden in Deutschland veröffentlicht, zwei Folgebände in Jerusalem von der Hebräischen Universität in Jerusalem. An der Veröffentlichung der nächsten Bände soll die Hochschule für Jüdische Studien in Heidelberg beteiligt werden.

Wie jede Universität, die etwas auf sich hält, verfügt auch die Hochschule für Jüdische Studien über eine Fachbibliothek, die laufend weiter ausgebaut wird. Diese Bibliothek liegt in einem getrennten Gebäude auf der Landfriedstraße 12, und sie umfasst gegenwärtig ungefähr 18 000 Bände. Sie ist als Präsenzbibliothek eingerichtet. Außerdem ist der Bibliothek eine Dia-Sammlung zur Geschichte der jüdischen Kunst mit 8500 Dias angegliedert.

Da es sich bei der Hochschule für Jüdische Studien, wie ihr Name besagt, um eine jüdische Einrichtung handelt, hat sie auch eine koschere Mensa, die während der Vorlesungszeit mittags täglich koschere Mahlzeiten anbietet. Am Ende der Vorlesungen im Sommersemester veranstaltet die Hochschule einen Sommerkurs zur „Einführung in die jüdischen Studien“ vor allem für junge Mitglieder aus den jüdischen Gemeinden in Deutschland. Ebenso findet jährlich eine Exkursion zu bedeutenden Zentren der jüdischen Geschichte statt.

Abb. 27: Hochschule für Jüdische Studien. Landfriedstraße 12. Die Bibliothek.

Aber nicht nur jüdische Studierende sind an der Hochschule willkommen, auch Nichtjuden können hier ein Vollstudium absolvieren. Die Hochschule für Jüdische Studien hat einen Kooperationsvertrag mit der Universität Heidelberg abgeschlossen, der durch eine Doppelimmatrikulation beide verbindet. Einen zweiten Kooperationsvertrag gibt es mit der Hebräischen Universität in Jerusalem sowie Abkommen mit internationalen jüdischen Ausbildungsstätten wie dem Jewish Theological Seminary in New York und dem Hebrew Union College in Cincinnati.

Denn seit dem Wintersemester 2001/02 wird Studierenden ein viersemestriges Grundstudium für die Ausbildung zum Rabbiner angeboten, die sie anschließend dank mehrerer Abkommen mit ausländischen Rabbinerseminaren in Israel, Großbritannien und Amerika zu Ende führen können. Damit bietet die Hochschule für Jüdische Studien jüdischen Studierenden neben der für eine Universität selbstverständlichen Lehre und Forschung auch die Möglichkeit zur Ausbildung in den drei für jüdische Gemeinden wichtigen Berufen an: zum Rabbiner, zum Kantor und zum jüdischen Religionslehrer. Der Zentralrat der Juden in Deutschland unterstützt jüdische Studierende mit einem großzügigen Stipendium, damit sie ihr Studium zügig ohne störende Geldsorgen durchführen können. Durch diese praktische Ausbildung in den drei in allen jüdischen Gemeinden gefragten Berufen kommt die Hochschule für Jüdische Studium der großen Nachfrage nach, die seit Beginn der 1990er Jahre unablässig steigt, denn dank der Zuwanderung der so genannten Kontingentflüchtlinge aus der ehemaligen Sowjetunion ist die Zahl der jüdischen Gemeinden auf mittlerweile 83 angewachsen und die Zahl ihrer Mitglieder auf – vorläufig – 100000 gestiegen.

Zum Schluss sollen die beiden letzten jüdischen Einrichtungen beschrieben werden, die nicht mehr in der Heidelberger Altstadt, sondern in ihrem südlichen Stadtteil liegen. Die Rede ist als Erstes von der dritten Synagoge Heidelbergs, danach vom dritten jüdischen Friedhof. Doch zunächst geht es zur heutigen Synagoge. Sie befindet sich in der Häusserstraße 10-12 und ist je nach Gehgeschwindigkeit von der Hochschule für Jüdische Studien in der Friedrichstraße zu Fuß bequem in 10 Minuten zu erreichen.

Ehe wir es uns versehen, stehen wir vor der Synagoge in der Häusserstraße 10-12 und beziehen auf dem Bürgersteig gegenüber Aufstellung, statt gleich hineinzugehen, denn zuerst wollen wir den gesamten Komplex von außen in Augenschein nehmen.

Diese neue, dritte Synagoge der Jüdischen Kultusgemeinde Heidelberg versteckt sich nicht wie ihre beiden Vorgängerinnen im Mittelalter bzw. zu Beginn des 17. Jahrhunderts in einer Häuserzeile, vielmehr steht sie selbstbewusst ganz vorne an dem Platz und schiebt die beiden hohen Säulen mit den hebräischen Schriftzeichen an der östlichen Ausbuchtung wie das Brustschild des Hohenpriesters jedem Passanten unübersehbar vor die Nase. Damit wird das Fundament aller monotheistischen Religionen für alle klar sichtbar. Die hebräischen Buchstaben in hellem Metall, ein Werk der Künstlerin Jiska de Wolf, symbolisieren die zehn Gebote, denn im Hebräischen haben alle Buchstaben auch einen Zahlenwert, und die Buchstaben *Alef* bis *Jod* stehen für die Zahlen 1 bis 10. Gleich hinter dem Vorsprung mit den hebräischen Buchstaben erhebt sich ein runder Bau, über dem eine flache Kuppel, ähnlich der *Kippa*, der kleinen Kappe, mit der ein frommer Jude ständig seinen Kopf bedeckt hält, schwebt. Sie symbolisiert den Himmel, der Juden als die messianische Verheißung ihrer Religion gilt. Die runde Form der Synagoge hat der Frankfurter Architekt Alfred Jacoby seiner eigenen Aussage zufolge aus dem Gedanken heraus entwickelt, dass diese geometrische Form durch ihre Abhängigkeit von einem Punkt – dem Kreismittelpunkt – wie keine zweite dazu geeignet ist, die Idee des Monotheismus baulich auszudrücken. Ganz folgerichtig ist der Mittelpunkt dieses Kreises im Synagogeninneren auch der Ort, an dem das Wort Gottes verkündet wird: Dort befindet sich, wie wir noch sehen werden, die Bima, das zentrale Podium, auf dem dreimal in der Woche aus der Thora vorgelesen wird.

Aber noch stehen wir draußen vor dem Komplex und schauen uns seine einzelnen Elemente nacheinander an. Hinter den hohen Fenstern des Rundbaus in der Mitte, fünf zu jeder Seite des Vorsprungs, setzt auf beiden Seiten davon symmetrisch jeweils ein Gebäudetrakt an, der in der Höhe nur zwei Drittel des Rundbaus er-

Abb. 28: Die dritte Heidelberger Synagoge. Häusserstraße 10-12. Außenansicht. Einweihung Januar 1994.

reicht. Die Torrahmung mit einem geraden antikisierenden Türsturz nimmt zwei Stockwerke ein, die eingeschossige zweiflüglige Tür bekrönt ein rechteckiger Giebel, in den eine stilisierte Menora gesetzt ist. An diesen Trakt schließt zu jeder Seite symmetrisch ein Seitenflügel an, der jeweils in ein vorne spitz zulaufendes Dreieck mündet, das genauso weit wie der Rundbau in der Mitte zum Platz hin vorspringt, so dass sich dem Betrachter dieser Schaufassade eine abwechslungsreich gegliederte Front mit vorspringenden und zurücktretenden Gebäudeelementen darbietet. In die Wände dieser Dreiecke zur Linken und zur Rechten sind ebenfalls hohe Fenster gesetzt, die rhythmisch die hohen Fenster des Rundbaus wiederholen, nur reichen sie in den Dreieckflügeln bis zum Fußboden hinab, statt wie beim Rundbau auf einem Sockel zu ruhen. Diese gegliederte Front strahlt in Weiß, nur das Blau in schwarzen Fensterrahmen im Rundbau und der helle naturfarbene Stein der Thora-Nische mit den ebenfalls hellen Metallbuchstaben heben sich davon ab.

Der rechte Flügel des Komplexes, wenn man davor steht wie wir jetzt, beherbergt im Erdgeschoss von der Spitze vorne nach hinten, das Vorstandszimmer, das Sekretariat, das Büro des Sozialarbeiters und einen Unterrichtsraum, der auch als Wochentagssynagoge genutzt werden kann. Im Geschoss darüber befinden sich die im Aufbau begriffene Gemeindebibliothek, ein Raum für die Kindergruppe, ein weiterer für die Jugendgruppe, ein dritter für den Seniorenklub und auf dem Flur gegenüber das Büro der Chewra Kaddischa und das des Rabbiners sowie die Regie für die Bühne unten im Saal, eine kleine Teeküche und ein Bad. Der linke Flügel beherbergt im Erdgeschoss, wiederum von der Spitze nach hinten zu, eine Zweizimmerwohnung, eine Einzimmerwohnung mit Küche, Bad und Wohnzimmer der Rabbinerwohnung und diese Anordnung wiederholt sich im Stock darüber, nur in der Rabbinerwohnung gibt es zwei – recht kleine – Schlafzimmer sowie ein großes Bad und sehr viel Flur.

Nun können wir das Gebäude durch die Tür rechts vom Rundbau betreten und stehen sogleich im Vorraum. Zur Rechten erstrecken sich die schon erwähnten Büroräume. Geht man daran vorbei bis zum Ende des Ganges, kommt man zu der Treppe, die hinunter in die Mikve führt. Da sie für öffentliche Führungen nicht zugänglich ist, bleiben wir im Eingangsbereich stehen und schauen uns um. Gleich

Abb. 29: Die dritte Heidelberger Synagoge. Die Mikve. 1994.

links vom Eingang an der Wand befindet sich ein Waschbecken mit einem Gefäß für das rituelle Händewaschen, denn bevor man die Synagoge zum Gottesdienst betritt, wäscht man sich die Hände. Ein Kasten schräg gegenüber an der Wand neben der Tür zur Synagoge enthält einfache schwarze *Kippot*, die Käppchen, für Besucher, die keine eigene Kippa besitzen. Sie werden von jedem Mann, gleichgültig, ob Jude oder Nichtjude, eine Synagoge betritt man nicht bloßen Hauptes, aufgesetzt. Doch noch betreten wir die Synagoge nicht, vielmehr geht es durch die nächste Glastür und schon stehen wir im lichtdurchfluteten Foyer der Synagoge, das den profanen Bereich vom sakralen trennt.

Durch das Glasdach schaut der Himmel herein, weiß strahlen auch hier die Wände, eine Galerie mit unverglasten Fensteröffnungen, die an italienische Vorbilder erinnert, verweist auf das Vorhandensein des zweiten Stocks. Alles wirkt leicht, hell und luftig. Wir werfen einen kurzen Blick in den Gemeindesaal, der mitten in der Woche ruhig und still daliegt. Das ist aber nicht immer so, denn oft sind seine 200 Plätze beinahe zu wenig für die vielen Teilnehmer an den verschiedenen Feiertagen und Festen. Der Saal ist hoch, die offengelegte Konstruktion der Dachträger strahlt Sachlichkeit aus. Auf der rechten Seite, wenn wir mit dem Rücken zur Eingangstür des Saals stehen, verbirgt sich hinter einer Tür die koschere Küche, am linken Ende des Saals ist eine große Bühne zu sehen. Sie wird fleißig für „Purim-Spiele", aber auch für andere Aufführungen, Konzerte und Vorträge genutzt. Wir verlassen den Gemeindesaal wieder und wenden uns jetzt der Synagoge zu. Neben der zweiflügligen Eingangstür zur Synagoge führen zwei geschwungene Treppen, sie folgen ihrem Rund von außen, in die Frauenempore hinauf. Von dort hat man einen schönen Gesamtblick auf das Synagogeninnere. Die Sitzreihen folgen ihrerseits dem Rund des Baus.

Das Erdgeschoss der Synagoge ist mittlerweile ausschließlich den Männern vorbehalten, denn sie sind es ja auch, die beim Gottesdienst aktiv mitwirken, während die Frauen auf ihrer Empore mitbeten können, aber nicht müssen. Der Synagogensaal ist, wie schon wiederholt erwähnt, ein Rund und trotz des Geständnisses des Architekten, er habe diese Architektur gewählt, weil sie seiner Mei-

Abb. 30: Die dritte Heidelberger Synagoge. Der Wandelgang. 1994.

Abb. 31: Die dritte Heidelberger Synagoge. Fröhliches Treiben im Wandelgang während einer Veranstaltung. 2000.

nung nach am besten die Idee des Monotheismus darstelle – womit er natürlich Recht hat; möglicherweise war diese Idee sogar die ausschlagebende, als man sich zum ersten Mal für diese Form entschied –, kehrt er damit aber auch gleichzeitig wieder zurück zur ursprünglichen Synagogenform in der Antike, die entweder quadratisch oder rund war und in der die Sitze entlang den Wänden so angeordnet sind, dass jeder gleich weit entfernt von der Bima in der Mitte ist. In die Ostwand ist der Thora-Schrein eingelassen, das ist der Vorsprung, den wir schon draußen gesehen haben. Verschlossen wird der Thora-Schrein von zwei Türen, einem Glasmosaik in Weiß-Blau-Grau, auf dem die gleichen zehn hebräischen Buchstaben wie am Vorsprung außen, *Alef* bis *Jod* für die Zahlen 1 bis 10, also noch einmal die Zehn Gebote, blau in grüne Quadrate gesetzt sind.

Werden die Türen geöffnet, verbirgt ein *Parochet*, ein Vorhang, hier aus kostbarer Seide, das Innere mit den Thora-Rollen. In einen Rahmen mit langgezogenem Dreipassabschluss hat die nach Jamaika ausgewanderte jüdische Künstlerin eine stilisierte Menora gesetzt, darüber erscheint Jerusalem, das für Juden das himmlische wie das irdische gleichermaßen ist und somit auf die messianische Zeit anspielt. Zwischen beiden steht in dem Rahmen das Wort: *Ki mi-Zion teze ha-Thora*, „Denn aus Zion wird die Thora (also die Lehre) kommen." Auf dem Türrahmen darüber heißt es mahnend: *Da lifne mi atta omed*, „Wisse, vor wem du stehst!" Wird auch dieser Vorhang geöffnet, offenbart sich der Schatz der Gemeinde: drei koschere Thora-Rollen, gehüllt in ihre Samtmäntel.

Vom Thora-Schrein führen drei Stufen hinunter, so dass der Rabbiner oder Vorbeter, wenn er die Thora in den Armen hält, hinuntergeht gemäß den Worten: „Aus der Tiefe rufe ich, Ewiger, zu dir!" (Ps. 130,1). Aber dann geht es sogleich wieder zwei Stufen hinauf, denn, nachdem der Rabbiner oder Vorbeter eine Runde mit der Thora im Arm an den Anwesenden vorbei gemacht hat, um ihnen Gelegenheit zu geben, die Thora zu berühren, schreitet er zur Bima, auf der aus der Thora vorgelesen wird. Diese Bima ist ein fester Einbau, und sie liegt auf der Achse vom Thora-Schrein zum Eingang genau in Mitte des Raums unter der flachen Kippa. Von hier steigen die Gebete direkt nach oben. Außerdem ist hier die Akustik am besten. Wer hier spricht, wird in der ganzen Synagoge gehört.

Abb. 32: Die dritte Heidelberger Synagoge. Innenansicht. 1994.

Abb. 33: Die dritte Heidelberger Synagoge. Der für eine Führung geöffnete Thora-Schrank mit den Thora-Rollen.

Wie der Raum ist auch der Sockel der Bima, aus dem gleichen Stein wie der Fußboden, kreisrund und auch die Sitzbank hinter dem Pult, deren Rücken zur mittleren Eingangstür weist, ist rund gebogen.

Das nächste ins Auge fallende bauliche Element sind die hohen Fenster, fünf an der Zahl, zu jeder Seite des Thora-Schreins, mit schwarzem Rahmen und ebenso schwarzen Sprossen. Der blaue Hintergrund der Türen vor dem Thora-Schrein spiegelt sich im klassischen Blau der Fenster. Durchzogen von grau-weißen Lichtstreifen sind sie, und sie tragen schwebende runde Kugeln. In der Fensterfront rechts vom Thora-Schrein, wenn wir davorstehen und sie anschauen, schweben die gelben Kugeln im oberen Bereich. Aus dieser Reihe löst sich die letzte, eine rote. Damit will der Künstler auf die Schoa verweisen. Wir folgen mit dem Blick, als würden wir einen hebräischen Text von rechts nach links lesen, und fangen die gelben Kugeln links vom Thora-Schrein wieder auf. Hier schweben sie nur im unteren Bereich. Damit deuten sie den schüchternen Beginn neuen jüdischen Lebens in Deutschland an und die Hoffnung für die Zukunft. Mit diesen Fenstern befolgt diese Synaoge ein Gebot im Talmud, das sagt: „Der Mensch soll immer nur beten in einem Haus, das Fenster hat."

Auf jeweils zwei Fenstern zur Rechten und zur Linken sind Schriftzeichen zu sehen. Wer Hebräisch kann, wird erkennen, dass rechts vom Schrein in schwarzen Buchstaben der Anfang des Schöpfungsberichts, links davon die Geschichte von der Berufung Mose in die Glasschichten gebannt ist. Diese in ihrer Strenge und Kühle bestechenden Glasfenster sind das Werk des englischen Glasmalers Brian Clark aus London. Seinen Entwurf hat die Jury, der fünfköpfige Vorstand der Gemeinde, ausgewählt, nachdem sie ihn und vier andere Künstler von insgesamt vierzig, die sich auf ihre weltweite Ausschreibung meldeten, darum gebeten hatte. Auch das Glasmosaik der Tür vor dem Thora-Schrein ist das Werk von Brian Clark. Für diesen Entwurf hat er sogar auf sein Honorar verzichtet.

Vier schlanke weiße Säulen zu jeder Seite des mittleren Eingangs tragen die Frauenempore, die die Rundung des Rauminneren wiederholt und unterstreicht. Weiß sind ebenfalls die Wände und die Rückseite der Sitzbank auf der Bima, so dass den Eintretenden eine Sinfonie in Weiß und Blau empfängt. Allein die in changierendem

Hellbraun gehaltenen Pulte und Sitze heben sich davon ab, ohne jedoch die allgemeine Harmonie zu stören, sondern, im Gegenteil, sie noch erhöhen.

Neben dem Thora-Schrein steht traditionell der Elias-Stuhl, der ja bekanntlich das Kommen des Messias ankündigt und überdies bei jeder Beschneidung eines acht Tage alten Jungen unsichtbar anwesend ist. Da in dieser Synagoge alles symmetrisch ist, gibt es nicht nur einen Elias-Stuhl, sondern gleich zwei, einen zu jeder Seite des Schreins. In einfachem Hellgrau sind die Sitze, die sich harmonisch in das allgemeine Bild einfügen. Und auch die Menora an der Wand, eine stark stilisierte Version, deren Reiz in der Reduktion liegt, ist gleich zweimal vorhanden, wiederum einmal zu jeder Seite des Thora-Schreins. Sie ist das Werk der Künstler Jean Marc da Costa und Manfred Wohl, die auch das *Ner tamid*, das „Ewige Licht“, über dem Thora-Schrein und den großen Kronleuchter mit dem Davidstern in seiner Mitte entworfen haben und dabei nach dem gleichen Prinzip der Sachlichkeit verfahren sind. Als letztes bauliches Element sei auf die *Amud* verwiesen, die Säule mit kleinem Lesepult, direkt vor dem Thora-Schrein, aber von ihm durch das erhöhte Podium, auf dem dieser steht, getrennt ist. An diesem Pult steht der Vorbeter, wenn er das Morgengebet vorträgt, das der Thora-Lesung auf der Bima vorausgeht. Auch diese Amud liegt auf einer Achse mit Thora-Schrein und Bima. Kein Bau- sondern ein schmückendes Element ist der hohe achtarmige silberne Chanukka-Leuchter, der, wie es sich gehört, rechts vom Thora-Schrank auf einem Sockel steht. Es ist eine Nachbildung jenes Chanukka-Leuchters, den der Kaiserliche Hoffaktor Samuel Oppenheimer aus Wien Ende des 17. Jahrhunderts der Gemeinde in Heidelberg schenkte. Diese Nachbildung ist ihrerseits ein Geschenk der Gesellschaft für christlich-jüdische Zusammenarbeit anlässlich der Einweihung der neuen, dritten Heidelberger Synagoge im Januar 1994.

Mit dieser neuen Synagoge hat die Jüdische Kultusgemeinde nach fünfzig Jahren der Wanderung von einem Provisorium zum nächsten – das sind noch zehn Jahre mehr als die Wanderung der Israeliten durch die Wüste – endlich wieder eine feste Bleibe gefunden. Es sei ihr gewünscht, dass sich die Harmonie, die dieser helle, symmetrisch angelegte Baukörper ausstrahlt, auch auf sie selbst

Abb. 34: Chanukka-Leuchter. Silber. Nachbildung jenes Leuchters, den der Kaiserliche Hoffaktor Samuel Oppenheimer aus Wien der Heidelberger Gemeinde gegen Ende des 17. Jahrhunderts schenkte. In der Reichspogromnacht 1938 verschwunden. Ein Geschenk der Gesellschaft für christlich-jüdische Zusammenarbeit anlässlich der Einweihung der dritten Heidelberger Synagoge im Januar 1994.

überträgt. Ebenso sei ihr gewünscht, dass sie länger als ihre beiden Vorgängerinnen erhalten bleiben möge, die kaum mehr als fünfzig bzw. sechzig Jahre ihrer Bestimmung dienen durften.

### *13.1 Exkurs: Die Einweihung der neuen Synagoge*

Am 6. Januar 1994 ist es dann endlich soweit: In einem feierlichen Umzug um 13.00 Uhr werden die Thora-Rollen vom langjährigen provisorischen Gemeindezentrum im Darmstädter Hof zu Fuß in die neue Synagoge getragen, wobei die Träger wechseln, damit möglichst viele dieser Ehre teilhaftig werden können. Der Umzug, an dem viele Gemeindemitglieder teilnehmen, weckt großes Interesse auch bei den Passanten, die stehen bleiben und zuschauen. Begleitet vom fröhlichen Klang jüdischer und israelischer Melodien trifft der Zug mit den Thora-Rollen bei der neuen Synagoge ein. Unter weiterem Gesang und Tanz und Händeklatschen kommen die Thora-Rollen an ihren Platz im Thora-Schrein an der Ostseite, die nach Jerusalem blickt. Anschließend wird das *Ner tamid*, das Ewige Licht, angezündet. Erst jetzt ist aus dem neuen Bau eine funktionierende Synagoge geworden.

Danach beginnt eine erste Einweihungsfeier, bei der die Gemeindemitglieder unter sich bleiben. Der damalige erste Vorsitzende der Gemeinde, Abraham de Wolf, eröffnet seine Ansprache mit einem Dank an alle seine Vorgänger im Amt, die sich seit 1988 für den Bau der Synagoge eingesetzt haben. Am Ende seiner Rede sorgt er für den kurz darauf ausbrechenden zweiten Synagogenstreit in der Geschichte der Heidelberger jüdischen Gemeinde. Denn er bestimmt, dass die Frauen dem Thora-Schrein genauso nahe sitzen sollen wie die Männer und sagt wörtlich: „Frauen sitzen unten und oben auf der rechten Seite, Männer ebenfalls unten und oben, nur auf der linken Seite." Damit wird die gleiche Sitzordnung wie im provisorischen Betsaal im Darmstädter Hof beibehalten, in dem es aus Platzmangel für Frauen keine getrennte Empore geben konnte. Aber vorläufig sind noch alle in so freudiger Stimmung bei dieser denkwürdigen Einweihung der dritten Synagoge in Heidelbergs Geschichte, dass sich keine Proteststimme erhebt. Landesrabbiner Benjamin Soussan erläutert in seiner Ansprache die Bedeutung einer Synagoge, es folgt ein Gottesdienst.

Ein ganz wichtiger Ehrengast darf auf keinen Fall unerwähnt bleiben: Abraham Abramowich wird in seinem Krankenbett zur Einweihung der neuen Synagoge gebracht. Schließlich hat der zu diesem Zeitpunkt 86 Jährige über dreißig Jahre lang als Vorbeter in der Jüdischen Kultusgemeinde gewirkt, war das Herz und die Seele der Gemeinde. Von seinem Krankenbett aus erhebt er noch einmal seine Stimme zur Ehre Gottes vor der versammelten Gemeinde. Sein Dank steigt hinauf zur Kippa, der flachen Kuppel, und von dort in den Himmel. Als habe er nur auf diese Einweihung gewartet, stirbt Abroimele, wie er allgemein liebevoll genannt wird, kurz darauf.

Am Abend wird die *Mesusa* am Türpfosten des Eingangs zum Gemeindezentrum angebracht, und damit ist die Synagoge komplett. Die Gemeinde darf feiern, ganz unter sich. Aus Darmstadt reist die Gruppe „Kolalaila" mit Klarinette, Fiedel, Gitarre und Akkordeon an und spielt traditionelle jüdische Weisen auf. Es ist ein rauschendes Fest, bei dem viele Gemeindemitglieder unerwartet erstaunliche Fähigkeiten als Tänzerinnen bzw. Tänzer beweisen. Die Stimmung ist großartig, Große wie Kleine, denn auch und vor allem die Kinder sind herzlich willkommen, sie sind schließlich die Zukunft der Gemeinde, freuen sich unbeschwert. Aus Straßburg kommen koscherer Sekt und kaltes Buffet (beileibe kein völlig ausgeblutetes Rinder- und Schweinefleisch [sic!], wie die Rhein-Neckar-Zeitung in ihrer Ausgabe vom 8./9. Januar 1994 zu berichten weiß), ausschließlich koscheres Rind- und Kalbfleisch und andere koschere Delikatessen.

Auf die rituelle Einweihung der Synagoge folgt die weltliche am Sonntag Nachmittag, und sie sind alle gekommen: Beate Weber, die Oberbürgermeisterin der Stadt Heidelberg, die der Gemeinde die Nachbildung eines Steinfragments mit hebräischer Inschrift als Geschenk überreicht, das bei Umbauarbeiten im Jahr 1971 in der Unteren Straße 20 entdeckt wurde und von dem schon weiter oben die Rede war; die Ministerin Brigitte Unger-Soyka und Professor Julius Carlebach, der Rektor der Hochschule für Jüdische Studien, ebenso wie Professor Hans Mayer von der Universität Tübingen, der Vorsitzende des Zentralrats der Juden in Deutschland Ignatz Bubis und der Vorsitzende des Landesverbands der jüdischen Gemeinden in

# Festakt
## zur Einweihung der neuen Synagoge

Heidelberg, 9. Januar 1994 • 26. Tewet 5754

---

Streichquartett Es-Dur Op.12: 1. Satz (Adagio non troppo - Allegro non tardante) von Felix Mendelssohn Bartholdy

| | |
|---|---|
| Begrüßung | **Herr Abraham de Wolf**<br>Vorsitzender der Jüdischen Kultusgemeinde |
| Ansprachen | **Frau Beate Weber**<br>Oberbürgermeisterin der Stadt Heidelberg |
| | **Frau Ministerin Brigitte Unger-Soyka**<br>Landesregierung Baden-Württemberg |
| | **Herr Prof.Dr. Julius Carlebach**<br>Rektor der Hochschule für Jüdische Studien |

Streichquartett Nr.2: 3. Satz (Andante) von Ernst Bloch

| | |
|---|---|
| | **Herr Prof. Dr.Dr.h.c. Hans Mayer**<br>Universität Tübingen |
| | **Herr Ignatz Bubis**<br>Vorsitzender des Zentralrats der Juden in Deutschland |
| | **Herr Gideon Nissenbaum**<br>Vorsitzer des Landesverbands Jüdische Gemeinden in Baden |
| Schlüsselübergabe | **Herr dip.Ing. Alfred Jacoby**<br>Architekt |
| Schlußwort | **Herr Benjamin Soussan**<br>Landesrabbiner von Baden |

Streichquartett: 4. Satz (Allegro non troppo) von Joseph Kaminski

Nach der Veranstaltung laden wir im neuen Gemeindesaal zu einem Empfang mit koscherem Sekt.

Es musizieren:

Ludwig Dieckmann (1. Violine)
Julia Weigand (2. Violine)
Erika Anschutz (Viola)
Christoph Habicht (Violoncello)

Abb. 35: Programm der Einweihung der dritten Heidelberger Synagoge am 9. Januar 1994.

Baden Gideon Nissenbaum, der ebenfalls ein schönes Geschenk mitbringt und es der Heidelberger Gemeinde anlässlich der Einweihung ihrer neuen Synagoge überreicht: eine neue Thora-Rolle. Den Schreiber, der, wie bei solchen Gelegenheiten üblich, vor versammelten Gemeindemitgliedern und Gästen die letzten Buchstaben schreibt, hat er gleichfalls mitgebracht. Nachdem der erste Vorsitzende der Jüdischen Kultusgemeinde Heidelberg, Abraham de Wolf, alle Anwesenden und insbesondere die Gäste begrüßt hat, folgen die feierlichen Reden. Der Architekt Alfred Jacoby übergibt die Schlüssel der Synagoge, und Landesrabbiner Benjamin Soussan sagt die abschließenden Worte. Ein Streichquartett, das den 4. Satz von Joseph Kaminski spielt, beschließt die Feier. Dann geht es zu einem Empfang mit koscherem Sekt in den großen Gemeindesaal.

Am Ende lehnen sich alle erschöpft zurück. Aber nicht für lange, denn schon bald flammt der zweite Synagogenstreit innerhalb der Gemeinde auf, bei dem es, wie schon beim ersten Mal, um Sitzplätze geht – nur diesmal aus einem anderen Grund. Doch davon später (s. Teil II.).

Um zur nächsten und letzten Station dieses Rundgangs durch das jüdische Heidelberg zu gelangen, bereitet man sich entweder auf einen rund viertelstündigen Fußmarsch in südlicher Richtung von der Synagoge vor oder aber man nimmt, um seine Kräfte für den Rundgang über den jüdischen Friedhof zu sparen, die Straßenbahn oder seinen Wagen. Der Bergfriedhof ist auf keinen Fall zu übersehen.

## 14. Der dritte jüdische Friedhof beim Bergfriedhof

Auf dem Bergfriedhof, ein stiller Ort an einer viel befahrenen Straße im Südteil der Stadt. Breite Wege, in die schmale Pfade münden, hohe Bäume, grüne Hecken und wohl geordnete Reihen von Gräbern. Eine parkähnliche Anlage, in die auch schon einmal ganz normale Besucher, die hier kein Grab zu pflegen haben, einkehren, um sich im Schatten der Bäume zu ergehen und vom Trubel der Altstadt zu erholen. Der Weg wird ihnen unvermittelt durch ein schwarzes zweitüriges schmiedeeisernes Tor, in eine brusthohe Mauer von ro-

Abb. 36: Der dritte jüdische Friedhof in Heidelberg (seit 1876). Eingang mit Leichenhalle (rechts).

tem Ziegelstein gesetzt, versperrt. Der goldene Davidstern in der Tormitte verweist auf die Besitzer des dahinterliegenden Grundstücks: Hier begräbt die Jüdische Kultusgemeinde Heidelberg ihre Toten. Gleich hinter dem Tor rechterhand ein einfacher einstöckiger Bau in L-Form. Die beiden Davidsterne an jedem Türflügel wiederholen das Motiv von der Eingangstür. Links von der Tür an der Wand ein Gedenkstein: „ZUM EWIGEN GEDENKEN AN UNSERE BRÜDER u. SCHWESTERN, DIE IN DEN JAHREN 1933-1945 AUS DEN LANDGEMEINDEN UND DER STADT HEIDELBERG DEPORTIERT WURDEN u. FERN DER HEIMAT FÜR IHR JUDENTUM DEN MÄRTYRERTOD ERLITTEN HABEN. HEIDELBERG 1952."

Darunter stand bis in die Mitte der 1990er Jahre ein Gedenkstein, der heute wieder an seinen dafür ursprünglich vorgesehen Standort, den Alten Synagogenplatz in der Großen Mantelgasse zurückgekehrt ist und dort den Platz des ehemaligen Thora-Schreins in der zweiten Synagoge Heidelbergs einnimmt. Durch die schon erwähnte Tür betritt man die Leichenhalle. Ein rechteckiger Raum in schlichtem Weiß, der dank einer großzügigen Spende im Jahr 2000 von der *Chewra Kaddischa* gründlich renoviert werden konnte. Ganz vorne ist der Platz für den Sarg und ein Pult für den Rabbiner und andere, die die Trauerrede für den Toten halten. Eine zweite Tür führt hinaus auf den Friedhof, denn eine jüdische Leichenhalle muss immer zwei Türen haben: eine zum Hineingehen und eine zweite zum Hinausgehen.

Der jüdische Friedhof bildet heute inmitten des Bergfriedhofs ein Rechteck, dessen lange Seiten oben im Wald auslaufen. Ein stiller „Ort des Lebens", in dem das vom Menschen Gestaltete harmonisch mit dem organisch Gewachsenen verschmilzt und nahtlos ineinander übergeht. Laub- und Nadelbäume in verschiedener Färbung, dazwischen unterschiedlichste Sträucher, dann am Ende ganz oben ein dunkler Fichtenwald. Dazwischen die verschiedenen Gräberfelder. Einmal recken sich die Grabsteine wie hochaufgerichtete Mahnmale aus hellem Stein dem Himmel entgegen, auf Sockeln stehen sie, mit vertieftem Inschriftenfeld, bekrönt von Dreieckdächern mit oder ohne Giebel, von Voluten oder Bögen, glatt oder mit Girlanden oder Blattwerk. Dazwischen abgebrochene Säulen mit und ohne

Abb. 37: Der dritte jüdische Friedhof in Heidelberg (seit 1876), mit Säulen und Obelisken. Um 1900.

Abb. 38: Der dritte jüdische Friedhof in Heidelberg (seit 1876), mit klassizistischen Grabsteinen. Um 1900.

Weinranken und auch weiße oder schwarze Obelisken. Dann wieder ein Feld voller ernster schwarzer Granitblöcke, hochaufgerichtet auch sie, in einem Bogen auslaufend oder in einer flachen Spitze.

Dazwischen ein Grab mit einem Porträt, dem einzigen auf dem gesamten jüdischen Friedhof. Es nimmt den oberen Teil einer Inschriftenfläche ein, die wie eine Wand eine tempelartige Struktur füllt, ihrerseits zu jeder Seite gerahmt von je einer Säule mit einer Basis und einem ionischen Kapitell, darüber ein gerader Sturz, bekrönt von einem Giebel, in den ein fünfzackiger Stern gesetzt ist: das Grabmal des Kaufmanns Carl Abenheimer (1808-1877), seit 1849 im Synagogenrat der jüdischen Gemeinde.

Und auch das: Ein rustikaler, sich nach oben verjüngender Stein mit einem glatten Oval in der Mitte, dem Andenken von Dr. Simon Flehinger (1812-1883) von der dankbaren Stadt Heidelberg gewidmet – Simon Flehinger hat sein gesamtes Vermögen zur Unterstützung verarmter Gewerbetreibender gestiftet, genau wie auch sein Bruder Heinrich. Weder der Stein von Carl Abenheimer noch der

Abb. 39: Der dritte jüdische Friedhof in Heidelberg (seit 1876), mit rustikalem Grabstein. Nach 1900.

von Simon Flehinger weisen auch nur das kleinste hebräische Schriftzeichen auf. Es ist die Zeit der geglückten Akkulturation und Assimilation, wie die meisten Juden in Heidelberg und anderweitig nach 1862 optimistisch glauben.

Dann ein Doppelgrab, das des Ehepaars Maximilian und Lisette Carlebach, geborene Kalter (1823-1888). Ungewöhnlich ist es noch für die damalige Zeit, trotz aller Fortschritte auch in der Emanzipation der Frau. Aber Lisette Kalter war eine schon damals in der Frauenbewegung aktive Frau, die im Rahmen des Frauenvereins nach der Besetzung Heidelbergs durch preußische Truppen zusammen mit anderen Verwundete pflegt, sich um Gefangene kümmert und Geld sammelt, um Familien zu unterstützen, die ihren Ernährer durch Tod oder Flucht verloren haben. Zwei oben runde Inschriftentafeln, unter einem Volutengiebel vereint, den eine Rocaille bekrönt. Die Inschrift auf dem Sockel darunter blättert teilweise ab und ist deshalb schwer lesbar. Ein Grabstein, der Harmonie ausstrahlt und hoffentlich auch die Wirklichkeit widerspiegelt, was möglicherweise dadurch angedeutet wird, dass beide innerhalb von nur zehn Wochen gestorben sind.

Ein Gräberfeld enthält die kleinen Grabsteine von Kindern, Wie Kopfkissen mit einem erhöhten Ende sind die hochkantigen oder querrechteckigen Steine in mehreren Reihen entlang dem steilen Weg hinauf angeordnet. Und immer wieder große monumentartige Grabanlagen mit Säulen, die den Grabsteinen Tiefe verleihen, darüber gerade Stürze – eine Familiengruft um die Jahrhundertwende oder das Grab eines ganz besonders wohlhabenden Bürgers aus der gleichen Zeit, der noch im Tod voller Stolz verkündet: „Ich bin angekommen!“

Auf dem Rückweg linker Hand, wenn man vom Wald kommt, neue Gräber, diesmal sehr einfache, mit einer Inschrift auf Hebräisch, auf Deutsch und Hebräisch oder auch, das ist das neue Kuriosum, auf Deutsch oder Hebräisch und Russisch. Denn auch auf dem Friedhof haben die Neuankömmlinge, die seit Beginn der 1990er Jahre aus den Ländern der ehemaligen Sowjetunion nach Deutschland strömen, ihre Spuren hinterlassen. Manche haben es gerade noch in die Freiheit geschafft und sind dann, ohne je von ihr gekostet zu haben, in ihr letztes Heim auf dem Friedhof in Heidelberg gezo-

Abb. 40: Der dritte jüdische Friedhof in Heidelberg (seit 1876), mit Kindergräbern.

Abb. 41: Der dritte jüdische Friedhof in Heidelberg (seit 1876), mit modernen Grabplatten und -steinen. Nach 1980.

gen. Die Grabsteine stehen senkrecht oder aber eine ganze Platte bedeckt das gesamte Grab. Darauf Name und Lebensdaten, hin und wieder ein Buch, um anzudeuten, dass die hier ruhende Person entweder sehr belesen oder sehr gelehrt war. Gelegentlich vereinen sich beide Elemente: eine Grabplatte mit einem senkrechten Grabstein am Kopfende.

Am unteren Ende des Friedhofs nahe dem Eingang links noch ein Kuriosum: ein Urnengrab oder auch ein ganz normales Grab und dazu mehrere Urnen. Traditonell ist Juden das Einäschern von Leichnamen verboten, aber in diesen Fällen geht die Assimilation um die Wende vom 19. zum 20. Jahrhundert so weit, dass man dem neuen Trend in der Beerdigungskultur einfach folgen muss und sich ebenfalls einäschern lässt. Außerhalb der Umzäunung, ebenfalls links vom Eingangstor, liegt denn auch in praktischer Nähe das Krematorium. Am 22. Dezember 1891 offiziell eingeweiht wird es, nachdem es unter anderem dank großzügiger Spenden eines jüdischen Mäzens, der auf der anderen Seite im Urnengrab ruht, direkt neben dem jüdischen Friedhof errichtet wurde.

Außer bei den neuen Gräbern werden praktisch alle Grabstätten gleichmäßig von einer Rasendecke überzogen, womit wir schon zur Geschichte des Friedhofs gekommen sind, die leider nicht ganz so friedlich verlaufen ist, wie sich der Ort heute dem Blick des Besuchers darbietet.

Dieser Friedhof wird 1876 eröffnet, den ersten Toten beerdigt man noch im gleichen Jahr hier. Damals trennen jüdischen und christlichen Friedhof, der um die gleiche Zeit eröffnet wird, Wiesen. Das bleibt aber nicht lange so, denn schon 1885 wird der christliche Bergfriedhof bis an den Nordrand des jüdischen Friedhofs erweitert, um 1900 kommt die Ausdehnung in die Ebene bis zur Rohrbacher Straße, 1940 noch ein schmaler Streifen im Süden. Heute ist der jüdische Friedhof praktisch auf allen Seiten vom christlichen umschlossen. Nur Hecken und, auf den Durchgangswegen, Ketten trennen ihn von diesem. Aber auch der jüdische Friedhof wird erweitert, ein erstes Mal 1916, 1922 dann sogar um den Preis einer Enteignung.

Am 7. Oktober 1940, also nur fünfzehn Tage vor der Deportation der Juden aus Heidelberg nach Gurs in Südfrankreich, verkauft die jüdische Gemeinde zwei noch leere Grundstücksteile an die

Stadt, eins oben im Wald, das zweite, ein ziemlich großes Stück gleich im Süden der Leichenhalle, das in der Länge des Rechtecks nach oben bis zur Hälfte des gesamten Friedhofs reicht und in der Breite beinahe einem Drittel des Areals entspricht, was auf dem Plan deutlich zu erkennen ist. Ein Blick auf den Plan bestätigt denn auch, dass hier beinahe ein ganzes Viertel des jüdischen Friedhofs veräußert wird. Später besteht die Stadt darauf, dies sei freiwillig und ohne Druck geschehen. Der Kaufpreis von 4894 Reichsmark wird mehreren Quellen zufolge nie tatsächlich gezahlt.

In einem gerichtlichen Vergleich im Jahr 1953/54 einigen sich Stadt und Jüdische Kultusgemeinde dahingehend, dass die Stadt das 1940 erworbene Gelände behält – es ist ohnehin für jüdische Beerdigungen nicht mehr nutzbar, weil es schon christliche Gräber darauf gibt – und sich im Gegenzug verpflichtet, die Pflege des jüdischen Friedhofs bis 1970 zu übernehmen – außer die der Grabstätten selbst. In diesem Jahr wird eine Humusschicht auf die gesamte Fläche aufgebracht und der schon oben erwähnte Rasen gesät. Das erleichtert die Pflege. Als die Jüdische Kultusgemeinde Anfang der 1970er Jahre ein weiteres Grundstück gleich unterhalb der Leichenhalle für die Verbreiterung des Zufahrtswegs an die Stadt abtritt, verpflichtet diese sich vertraglich, für alle Zeiten für die Pflege des jüdischen Friedhofs zu sorgen.

Jahrzehntelang hat die Jüdische Kultusgemeinde die leeren Grabstellen nach einem in ihrem Büro hängenden Plan, von dem niemand so genau weiß, wer ihn angefertigt hat, belegt. Zu Beginn des Jahres 1999 wird in der Gemeinde eine Chewra Kaddischa gegründet, diesmal mit einem der neuen Zuwanderer, Professor Bogomolny, an der Spitze. Zusammen mit zwei Helfern begibt er sich daran, das gesamte Gräberfeld des jüdischen Friedhofs am Bergfriedhof zu untersuchen und neu zu dokumentieren. Das Ergebnis ist ein genauer Belegungsplan, aus dem hervorgeht, wie viele leere Grabstellen es noch gibt.

Die Angelegenheit wird dringlich, denn seit der Ankunft der Zuwanderer aus der ehemaligen Sowjetunion schließen sich zusehends die Lücken, so dass der Friedhof bald an seine Grenzen stoßen dürfte. Bereits ein früherer erster Vorsitzender, Leo Friedmann, der von 1995 bis 1997 im Amt ist, nimmt Verhandlungen mit der Stadt

Abb. 42: Der dritte jüdische Friedhof (schraffierte Fläche) in Heidelberg (seit 1876). Plan.

Heidelberg um die Zuteilung eines neuen Friedhofsgeländes auf. Es werden bereits Pläne für einen neuen Friedhof angefertigt. Ihre Ausführung scheitert an den fehlenden Mitteln.

Unter der Anleitung des Gemeinderabbiners, Rabbi Jakob Ebert, der während der Amtszeit von Professor Krochmalnik als erstem Vorsitzenden amtiert, findet eine eingehende Untersuchung der noch leeren Grabstätten vor allem im oberen Bereich zum Wald hin statt. Auch wird eine Bodenuntersuchung mit physikalischen Messungen in Auftrag gegeben um festzustellen, ob sich unterhalb der glatten Rasenfläche doch noch unmarkierte Gräber befinden – in der Zeit von 1940 bis 1945 werden nämlich die jüdischen Ehepartner aus so genannten „Mischehen" in unmarkierten Gräbern auf dem jüdischen Friedhof begraben, ohne dass die Beisetzung in den Friedhofsbüchern verzeichnet worden wäre. Dennoch werden mithilfe beider Untersuchungen insgesamt 150 leere Grabstellen gefunden. Dank dieser Information müsste die Jüdische Kultusgemeinde Heidelberg sich erst in ungefähr dreißig Jahren wieder den Kopf über einen neuen Friedhof zerbrechen.

Gleichzeitig betreibt der noch immer sehr aktive Vorsitzende der Chewra Kaddischa, Professor Bogomolny, energisch die Friedhofspflege voran, sorgt dafür, dass im Boden versunkene Grabsteine herausgeholt und wacklige wieder solide verankert werden. Die Stadt Heidelberg lässt regelmäßig Rüttelproben durchführen, damit keine Grabsteine umstürzen, und jedes Jahr im Frühjahr räumen Friedhofsangestellte das Herbstlaub und durch die Winterstürme abgebrochene Äste fort.

So ideal wie der jetzige Zustand sich anhört, war es nicht immer. Denn nach dem Krieg gleicht der Friedhof, genau wie der am Klingenteichtor, einem Trümmerhaufen, um den sich die Stadt nur zögerlich zu bemühen beginnt. Aber als die Arbeiten daran endlich ernsthaft beginnen, 1970, entsteht schon etwas, was Hand und Fuß hat. Beim Anblick der an stumme Wächter gemahnenden aufrechten Grabsteine inmitten des gepflegten Areals wird wohl jeder Besucher von so etwas wie stiller Einkehr ergriffen.

Damit geht dieser Rundgang durch das jüdische Heidelberg zu Ende. Die Verfasserin dieser Zeilen hofft, dass die/der interessierte

Leser/in und Besucher/in einiges Neues dazugelernt hat, das sie/ihn möglicherweise anregt, mehr über die Juden, ihre Geschichte und ihre Kultur erfahren zu wollen, um sie besser zu verstehen und zu begreifen, dass sie ganz normale Menschen sind, mit Wünschen, Träumen und Hoffnungen.

# II. Episoden aus der Geschichte der Juden in Heidelberg

Die Juden in Heidelberg leben nicht in einem Vakuum. Vielmehr haben sie teil am wechselhaften Schicksal ihrer Glaubensgenossen im gesamten deutschen Reich, in ganz Deutschland. Da eine Darstellung der Geschichte der Juden in Deutschland jedoch den Rahmen dieses Bandes, der sich ausschließlich mit der Stadt Heidelberg und ihren Juden befasst, sprengen würde, seien lediglich einige besonders prägnante Episoden aus ihrem Leben herausgegriffen. Ergänzt wird diese Information durch die Auskunft über die Entwicklung einzelner Stätten, die im Laufe des Rundgangs durch das jüdische Heidelberg besichtigt werden.

## 1. Die Juden im Mittelalter

Bereits der 1217 verstorbene Rabbiner Jehuda he-Chassid aus Regensburg legt in seinem *Sefer Chassidim* Rabbinern ausdrücklich nahe, nicht in Heidelberg zu wohnen. Das lässt darauf schließen, dass schon zu jenem frühen Zeitpunkt vereinzelt Juden in Heidelberg leben, wenngleich der früheste Hinweis auf Juden in der Stadt in einer Urkunde vom 1. Mai 1275 zu finden ist. Darin befreit der Edelfreie Konrad von Strahlenberg einen Weinberg der Witwe des Juden Moses von Heidelberg bei Schriesheim von allen Forderungen und Abgaben.

Der nächste Nachweis datiert aus dem Jahr 1300. Eine Verkaufsurkunde des Pfalzgrafen Rudolf I. für sein Hauskloster Schönau führt neben Viztum, Vogt und Schreiber, also hohen Vertretern der pfalzgräflichen Verwaltung, namentlich auch „Anselm, unser[en] Jude[n] zu Heidelberg" als Zeuge an. Das lässt auf eine durchaus herausgehobene Position des Juden Anselm im engeren Umkreis des Pfalzgrafen schließen.

1319 stellt König Ludwig von Bayern ausdrücklich die Jüdin Frawelin, die Frau des Frumold von Wimpfen, und ihren Sohn Mayer einschließlich ihrer Familienangehörigen unter seinen Schutz und gibt seinem Amtsmann in Heidelberg die Order, die Juden in ihren – leider nicht näher dargelegten – Rechten zu schützen und zu verteidigen.

Zwar weiß man nichts Näheres darüber, wann und wie genau eine jüdischen Gemeinde in Heidelberg entstanden ist – vermutlich Anfang des 14. Jahrhunderts –, noch über ihre Rechte wie den Bau einer Synagoge und der Einrichtung einer Mikve, eines jüdischen Ritualbads, sicher ist aber auf jeden Fall, dass die Heidelberger Juden von Anfang an bis zum Ende der kurpfälzischen Herrschaft 1802 direkt dem Pfalzgrafen, dem späteren Kurfürsten unterstehen, sodass die Stadt keinerlei Rechte an ihnen hat.

Im Zuge der Verfolgungen während der großen Pest werden die in Heidelberg lebenden Juden Ende 1348/Anfang 1349 entweder vertrieben oder ermordet. Während dieser Verfolgungen, die mit zu den schlimmsten zählen, unter denen die Juden im Mittelalter zu leiden haben, werden praktisch zwei Drittel aller jüdischen Gemeinden im gesamten deutschen Reichsgebiet ausgelöscht. Teils in panisch-hysterischer Angst, teils in kaltblütig geplanten und organisierten Übergriffen fallen die Menschen über die Juden her und töten sie unter dem Vorwand, sie hätten die Brunnen vergiftet, um alle Christen zu vernichten. Nach den Pogromen existiert in Heidelberg keine jüdische Gemeinde mehr. Die den Heidelberger Juden gehörenden Häuser schenkt Kurfürst Ruprecht I. (1309-1390) 1358 Engelhard von Hirschhorn.

Dennoch hat Ruprecht I. schon davor, im Jahr 1349, gegen den Widerstand der Bürger, die aus Speyer und Worms geflohenen Juden in Heidelberg und in anderen Orten in seinem Herrschaftsbereich aufgenommen. Allerdings geschieht das nicht so sehr aus reiner Menschenliebe, sondern eher aus kühlem wirtschaftlichem Kalkül. Schließlich müssen die Flüchtlinge für die ihnen gewährte Aufnahme hohe Abgaben in Gestalt von Schutzgeldern und anderen Auflagen leisten. Dennoch bildet sich schon bald wieder eine neue jüdische Gemeinde. Im Laufe der Zeit nimmt der Pfalzgraf und spätere Kurfürst Ruprecht I. noch mehr Juden in seinen Schutz auf, so dass die jüdische Gemeinde langsam wächst.

1366 setzt Kurfürst Ruprecht I., das geschieht zum ersten Mal auf deutschem Reichsgebiet, ein jüdisches Gericht für alle Juden im rechtsrheinischen Gebiet ein. Ihm gehören auch mehrere Juden aus Heidelberg an, so Moses Nürnberger, Gottlieb und Symelin. Später werden die im rechtsrheinischen Gebiet der Kurpfalz lebenden Juden gemeinsam zur Steuer veranlagt. Es ist den Heidelberger Juden ausdrücklich erlaubt, Häuser zu kaufen, beziehungsweise zu bauen. Insgesamt sind in einem Steuerprivileg von Ruprecht I. vom April 1381 dreizehn jüdische Familienoberhäupter in Heidelberg angeführt. Nimmt man eine durchschnittliche Zahl von sechs Personen je Familie an, dürften zu diesem Zeitpunkt ungefähr 80 Juden in Heidelberg gelebt haben. Damit gehört die jüdische Gemeinde in Heidelberg zwar nicht zu den größten, aber doch schon zu den größeren Gemeinden im deutschen Reich.

Vor 1390 bekannte Einrichtungen der jüdischen Gemeinde umfassen, neben einer Synagoge und einer Mikve, eine *Jeschiwa*, also eine Talmud-Thoraschule, ein rabbinisches Gericht und einen Friedhof. Die Leitung der Jeschiwa liegt in den Händen von Rabbi Isaak ha-Lewi von Beilstein, der auch dem Rabbinatsgericht in Heidelberg vorsitzt. Er gilt zu diesem Zeitpunkt als die höchste Autorität der Juden am Mittelrhein. Allerdings wandert Rabbi Isaak 1350 mit seinen Schülern ins Land Israel aus und gründet in Jerusalem ein von vielen jüdischen Gemeinden in Deutschland unterstütztes Lehrhaus.

## 2. Die jüdischen Hoffaktoren

Erst seit dem Ende des Dreißigjährigen Krieges und damit mit dem Beginn des absolutistischen Herrschertums gibt es die Einrichtung der so genannten Hoffaktoren, wenngleich schon davor einzelne Juden als Berater und Geldgeber von Fürsten, damals heißen sie noch „Hofjuden“, tätig gewesen sind. Sie stehen zum Teil im Dienst gleich mehrerer Fürsten und unterhalten Kontakte zu ähnlich einflussreichen Glaubensgenossen. Meistens sind sie Mitglieder einer jüdischen Gemeinde und gelten als wichtige Vermittler zwischen den Juden einer Residenzstadt und dem absolutistischen Staat.

Allerdings ist das kein Zeichen für verstärkte Toleranz seitens der großen und kleinen weltlichen wie geistlichen Potentaten. Vielmehr werden sie an die Höfe berufen, weil dort dringend Geld benötigt wird: für Staatsausgaben ebenso wie für privaten Luxus, für den Aufbau der gerade aufkommenden Manufakturen, aber auch für kriegerische Unternehmungen. Man zieht die Juden als Experten und Ratgeber hinzu und nutzt ihre Erfahrung und Tüchtigkeit in Finanzgeschäften und im Erledigen zahlloser heikler und delikater Missionen.

Die so für den Hof nützlichen Hoffaktoren erfreuen sich zahlreicher Privilegien und heben sie aus der Masse ihrer unterdrückten Glaubensgenossen heraus. Sie müssen nicht länger in der Judengasse wohnen und sind davon befreit, ein auffälliges Judenzeichen zu tragen. Sie dürfen sich überall niederlassen und auch frei umherreisen. Genau wie christlichen Kaufleuten ist es ihnen gestattet, ungestört und offen Handel zu treiben. Viele bringen es zu großem Reichtum und wohnen in prachtvollen Häusern.

Aber selten erfreuen sich selbst die privilegiertesten Hofjuden bzw. Hoffaktoren ungetrübt ihres Glückes, denn stets sind sie den Launen ihres Herrschers ausgesetzt und hängen ab von seiner Gunst. Und noch in ihrem höchsten Triumph sind sie nach wie vor rechtlose Fremde und schutzlos jeder Willkür ausgeliefert, denn wer sich an ihnen vergreift, hat nichts zu befürchten. Dem Hoffaktor und seinen Erben kann sein Vermögen jederzeit unter irgendeinem Vorwand genommen werden, er kann verhaftet, vertrieben und auch zur Flucht veranlasst oder aber – wie Josef Süß Oppenheimer – der Empörung des Volkes gegen das System geopfert werden.

### *2.1 Noch zwei jüdische Hoffaktoren*

Wie urplötzlich und tief der Sturz auch des angesehensten Hoffaktors sein kann, bezeugt nicht nur das Schicksal von Josef Süß Oppenheimer, wie schon weiter oben geschildert. Auch die Karriere des jüdischen Finanziers Samuel Oppenheimer, ebenfalls aus Heidelberg, ist typisch. Zusammen mit Samson Wertheimer aus Worms hat er mit seinen Millionen die Kriege deutscher Kaiser gegen Frankreich und die Türkei finanziert. 1674 verleiht der Österreicher Leopold I. Samuel Oppenheimer den Titel „Kaiserlicher Faktor“. 1676 rettet er gemeinsam mit einem weiteren kaiserlichen Hoffaktor, Georg Adrian Seeliger, durch die Beschaffung großer Kredite die Reichsarmee vor dem beinahe sicheren Ruin. In dem für Wien gefährlichen Jahr 1683, als die Türken vor den Mauern der Stadt stehen, und auch in den Jahren danach, als weiter Kämpfe in Ungarn gefochten werden, trägt Oppenheimer dank seiner Geldmittel zu den Erfolgen bei. Aber das Volk, das dem Türkenbezwinger Prinz Eugen zujubelt und ihn begeistert feiert, hasst schon bald Samuel Oppenheimer als „Kriegsgewinnler“. Die Habsburger lösen die ihm ausgestellten Schuldscheine für das freigiebig besorgte Kapital nicht ein. Samuel Oppenheimer wird wiederholt verhaftet. 1700 stürmt die Menge Oppenheimers Haus, schlägt darin alles kurz und klein und plündert und vernichtet seine Geschäftsbücher. 1701 sind die Schulden des Wiener Hofes beim Hoffaktor von über zwei Millionen Gulden auf 6,3 Millionen Gulden gestiegen. Zwei Jahre später stirbt Samuel Oppenheimer, sein Sohn erbt nichts als ein Bündel Schuldscheine, deren Einlösung ihm verweigert wird. Als er es wagt, einen Prozess anzustrengen, wird der Nachlasskonkurs über das Bankhaus Oppenheimer verhängt.

Aber nicht nur Samuel Oppenheimers Erbe ist ruiniert. Es kommt zu einer Finanzkrise, die weite Kreise zieht. Denn Samuel Oppenheimer hat die Gelder nicht aus eigener Tasche gezahlt, sondern selbst Darlehen aufgenommen und erhalten, weil man den von der kaiserlichen Hofkammer gegebenen Versprechen getraut hat. So wie der Wiener Hof sich auf schnöde Weise seiner Schuld entzieht und damit den Konkurs von Hunderten von Juden verursacht, verlieren Juden immer wieder ihre gesamte Habe aufgrund der Zahlungssäumigkeit und Zahlungsunfähigkeit der fürstlichen Schuldner und werden unzählige kleinere und mittlere jüdische Finanziers in den Ruin getrieben.

Sehr viel mehr Glück als die beiden Männer hat dagegen Chaile (Karoline) Raphael Kaulla (1739-1809) als Hoffaktorin und „Hofbanqierin“. Sie entstammt einer wohlhabenden jüdischen Familie, die ihr auch Unterricht in der deutschen Sprache geben lässt.

Als Chaile Kaulla 1757 Akiba Auerbach heiratet, beginnt ihre erfolgreiche Karriere im Wirtschaftsleben. Aber im Gegensatz zu vielen anderen jüdischen Frauen, die die Unternehmen ihres Ehemanns nur führen, bis die Kinder sie übernehmen können, führt Chaile das Handelshaus Kaulla selbstbewusst von Anfang an als Chefin und vertritt es gegenüber Landesfürsten, Beamten und Geschäftspartnern. Unterstützt wird sie dabei von ihrem Bruder und Firmenteilhaber, Jakob Raphael.

Grundlage sind zunächst der Pferdehandel und Juwelenlieferungen, zeitweise auch der Salzhandel. 1768 wird Chaile Kaulla zur Hoffaktorin der Familie Fürstenberg in Donaueschingen ernannt, danach für das Fürstentum Hohenzollern. 1770 ernennt Herzog Karl Eugen von Württemberg Chaile zur Hoffaktorin. Das Bankgeschäft der Firma erlebt große ökonomische Erfolge mit den Napoleonischen Kriegen, denn sie wird Heereslieferantin für die Armee des deutschen Kaisers. 1802 gründen die Geschwister ein eigenes Bankhaus, M. (= Madame) u. J. (= Jakob) Kaulla. Das Bankhaus Kaulla beteiligt sich an der Gründung der Württembergischen Hofbank. Schließlich ist Madame Kaulla „Königliche Württembergische Hofbanquière“.

Madame Kaulla befolgt ihr ganzes Leben lang streng die jüdischen Religionsgesetze und unterstützt großzügig karitative Einrichtungen.

### 3. Der erste Synagogenstreit, 1714-1737

Trotz äußerer Verfolgung und Diskriminierung leben nicht alle Juden zu jeder Zeit in Eintracht miteinander. Sie sind nur Menschen, und wie bei jedem Menschen kommt es auch zu Streit zwischen den Juden in Heidelberg. Die Ursachen dafür sind teilweise innerhalb der jüdischen Gemeinschaft zu suchen, zum Teil entstehen sie jedoch aufgrund von Einflüssen von außen. Ein solcher langjähriger Streit unter den Gemeindemitgliedern geht auf den Einfluss der Jesuiten in Heidelberg und auf ihre Klagen gegen die Juden zurück.

Wegen der schon weiter oben angesprochenen Einwände der Jesuiten gegen jüdische Häuser und eine Synagoge in unmittelbarer Nachbarschaft zu ihrer Kirche erwägt ein Teil der Gemeindemitglieder den Erwerb des Hauses „Zur Blauen Lilie“ beim Neckar. Die Genehmigung dazu erhalten sie dann von der Stadt erstaunlich schnell, was wohl dem Drängen der Jesuiten zu verdanken ist.

Feist Oppenheimer und seine Partei sehen jedoch nicht die Notwendigkeit eines Wechsels ein. Aus diesem Grund verweigern er und seine Anhänger jede Beteiligung an den recht hohen Kosten für den Erwerb und Umbau des ins Auge gefassten Hauses. Die Partei, die den Erwerb dagegen befürwortet, muss daher sogar mit ihrem Privatvermögen für die verschiedenen Kredite haften. Aus diesem Grund fordert sie, dass die Gegenpartei, falls sie an Sitzen und Ämtern in der neuen Synagoge interessiert ist, dafür bezahlt und genau wie sie selbst Schuldobligationen unterscheibt.

Das wird von Feist Oppenheimer empört abgelehnt, denn schließlich hat er sein Haus der Gemeinde 15 Jahre lang kostenlos zur Verfügung gestellt. Dafür stehen ihm, so meint er, Sitz und Ämter ebenso kostenlos zur Verfügung. Er dringt darauf, ein unparteiisches Rabbinergericht darüber entscheiden zu lassen.

Dieser Forderung wird nicht stattgegeben, statt dessen trifft die Polizeikommission schließlich selbst die Entscheidung über die Versteigerung der Sitze – damit will man den Kaufpreis wengistens teilweise decken –, und sie fordert Feist Oppenheimer auf, ebenfalls die Schuldobligationen zu unterschreiben oder aber den Kaufpreis selbst aufzubringen. Außerdem wird allen Beteiligten unter Androhung einer Strafe von 50 Reichstalern die schnelle Verlegung der Synagoge zur Auflage gemacht – im Hintergrund drängen die Jesuiten.

Unter Aufsicht der Polizeikommission werden neun von dreißig Sitzen versteigert, womit etwas weniger als die Hälfte des Kaufpreises (ohne die Umbaukosten) gedeckt ist. Nach mehreren Überlegungen zugunsten der einen oder der anderen Partei entscheidet die Regierung, die die Verlegung des Betsaals auf Drängen der Jesuiten angeordnet und damit den Streit überhaupt erst ausgelöst hat, nur die Käufer hätten die Kosten zu tragen und die Schuldobligationen zu unterzeichnen. Offensichtlich ist ihr daran gelegen, keine eigenständige Gemeindesynagoge entstehen zu lassen, sondern sie hegt den – – nicht formal ausgesprochenen – Wunsch, der Betsaal möge wie bis zu jenem Zeitpunkt in einem Privathaus untergebracht bleiben – das ist die praktische Folge dieser Entscheidung.

Auch drei Rabbiner, Jacob von Worms, Hillel von der Lemle-Moses-Klaus in Mannheim und Isaac von Durlach, bestätigen im

April 1715 die vorangegangenen Regierungsdekrete, was bedeutet, dass die Käufer das Recht behalten, über das Haus zu verfügen, die Plätze und die Ämter versteigern und auch den Vorsitz in der Synagoge führen zu dürfen. Dennoch kommt es auch weiterhin immer wieder zu Zusammenstößen zwischen den beiden Parteien, sodass die Regierung sich schließlich nicht mehr zu helfen weiß, als beide Parteien anzuweisen, sie in dieser Angelegenheit nicht mehr zu belästigen. Dennoch schwelt der Streit weiter, und selbst als Feist Oppenheimer 1720 stirbt, führen seine Anhänger ihn fort. Erst im April 1737 verkauft einer der Käufer, Moyses David, die ganze Anlage der gesamten Gemeinde, sodass fortan alle Kostenfragen nur von ihr zu regeln sind. Damit kann endlich Ruhe in die Gemeinde einkehren.

## 4. Reformen in der Synagoge

Parallel zu den Bemühungen um eine rechtliche Gleichstellung der Juden entwickelt sich innerhalb des Judentums zu Beginn des 19. Jahrhunderts eine Bewegung zur Reform des Rituals, von der auch die jüdische Gemeinde in Heidelberg nicht unberührt bleibt. Sie, genau wie viele andere jüdische Gemeinden, wandelt sich allmählich von einer ursprünglich traditionell orthodoxen Gemeinde in eine liberale, die Ritus und Synagogenordnung den Erfordernissen der Moderne angleicht. Man will mit der Zeit gehen und sich soweit wie möglich der christlichen Umwelt anpassen, sodass man sich schließlich als deutscher Bürger jüdischen Glaubens fühlen und auch der Umwelt gegenüber auftreten kann – wenn man der Einfachheit halber nicht gleich zum Christentum übertritt, um sich „sein Eintrittsbillet in die europäische Kultur“ zu sichern, wie Heinrich Heine es ausgedrückt hat.

### *4.1 Liberaler Gottesdienst zu Beginn des 19. Jahrhunderts*

Die Verwirklichung dieses Bestrebens sieht im Einzelnen wie folgt aus: Seit 1825 darf der Lehrer Karl Rehfuß, nach Überwindung des anfänglichen Widerstands und mit ausdrücklicher Genehmigung des

Innenministeriums, in der Synagoge auf Deutsch Gottesdienste abhalten und predigen, das Letztgenannte ist ein neues Element im Ritus – wenngleich der 1827 nach Heidelberg berufene Rabbiner Salomon Fürst dagegen ist.

Die Konfirmation, die Rehfuß 1830 zum ersten Mal in der Synagoge durchführt, stößt anfangs auf heftige Ablehnung bei Rabbiner Fürst. Überhaupt lehnen die orthodoxen Rabbiner im Allgemeinen die Konfirmation ab. Damit befinden sie sich in Übereinstimmung mit den meisten Eltern in Heidelberg, denn als sich später auch Rabbiner Fürst für die Durchführung von Konfirmationen verwendet, lehnen die Eltern sie mit dem Argument ab, ihre Söhne hätten mit ihrem dreizehnten Geburtstag die *Bar-Mitzva* begangen und gälten damit als religionsmündig. Als solche würden sie in jedem *Minjan*, dem für einen Gottesdienst notwendigen Quorum von zehn religionsmündigen Männern, mitgezählt. Eine Konfirmation ist nach Ansicht der Eltern daher völlig überflüssig und bei Juden unüblich.

1854 wird in der Synagoge ein Harmonium aufgestellt. Das ermöglicht fortan die Einführung von Gesang mit musikalischer Begleitung, eine Neuerung, die nicht bei allen Gemeindemitgliedern, vor allem nicht bei den Konservativeren und Älteren, auf Begeisterung trifft.

Und das gilt auch für die 1856 verabschiedete neue Synagogenordnung, die wesentliche Änderungen einführt und den Gottesdienst auch in Heidelberg wie in anderen liberalen jüdischen Gemeinden weitgehend christlichen und hier vor allem protestantischen Gepflogenheiten anpasst. Das oberste Gebot ist Ruhe: Ruhe beim Betreten der Synagoge, Ruhe während des Gottesdienstes und auch Ruhe beim Verlassen der Synagoge. Für Gebet und Gesang sind gemäß der neuen Synagogenordnung ausschließlich Vorbeter und Gemeindechor zuständig, begleitet, wie schon erwähnt, vom Harmonium im alten Bau, von der Orgel in der neuen Synagoge. Man will keine „Judenschule" mehr, in der jeder nach Belieben im eigenen Tempo laut oder leise seine Gebete spricht oder den Vorbeter begleitet. Bei solch einer strikten Ordnung ist kein Platz mehr für Privatgespräche einzelner Anwesender, und auch profane Mitteilungen in der Synagoge gibt es nicht länger. Der Gottesdienst wird überdies, genau wie in anderen liberalen Gemeinden, gestrafft und damit stark gekürzt.

Eine neue Ära beginnt in der Synagoge beim Neckar, die vielen Gemeindemitgliedern missfällt, weshalb sie sich nicht an sie halten. Das ist auch der Grund, warum der Synagogenrat wiederholt beim Oberamt Heidelberg Anträge stellt, um gegen alle, die gegen die neue Synagogenordnung verstoßen, Geldstrafen verhängen zu können. Klugerweise mischt sich das Bezirksamt Heidelberg nicht in diese innersten Angelegenheiten der jüdischen Gemeinde ein, sondern bescheidet alle Anträge abschlägig.

### *4.2 Die orthodoxe Reaktion*

Vermutlich schon in der zweiten Hälfte des 19. Jahrhunderts, als sich die Reformbestrebungen innerhalb der jüdischen Gemeinde Heidelbergs verstärken, dürften sich konservativere Mitglieder der Gemeinde von der liberalen Hauptgemeinde zurückgezogen haben. Während und nach dem Ersten Weltkrieg kommen zahlreiche orthodoxe Juden aus Osteuropa, der Großteil aus Polen, nach Heidelberg. Damit erhält die konservative Gruppe erhebliche Verstärkung. Die konservativen und orthodoxen Juden gründen Anfang der 20er Jahre den „Verein gesetzestreuer Juden" *(Adath Machsikej ha-Da'at)* in Heidelberg, die orthodoxen Ostjuden schließen sich unter Leitung des Talmudgelehrten Lipmann Ragow zum „Thora-Bund" zusammmen.

Anfangs kommt man zum Gottesdienst in einem Privathaus zusammen, danach im Hotel „Zum Goldenen Ross", was schon weiter oben erwähnt wurde, und schließlich erfolgt laut Vereinsregister im Dezember 1921 die Gründung einer eigenständigen orthodoxen Gemeinde, die, das muss betont werden, aber keineswegs mit der Hauptgemeinde bricht. Die Einheitsgemeinde, zu der die kleine orthodoxe Gemeinde unverändert gehört, bleibt trotz allem weiter bestehen. Seit 1930 fließt ein Beitrag, der schon von 1926 an inoffiziell gewährt wird, offiziell von der Gemeinde an die kleine orthodoxe Gemeinde.

Im September 1929 kommt der Talmudgelehrte Hermann Mayer aus Stuttgart als Rabbiner der orthodoxen Gemeinde nach Heidelberg. Im April 1932 wird im Hinterhaus des Gebäudes Plöck 35 ein neuer Betsaal, kein eigenständiger Synagogenbau, eingeweiht. Er besitzt 50 Plätze für Männer und 30 für Frauen. Von diesem

Betsaal existieren nicht einmal mehr Aufnahmen, so dass man über sein Aussehen nur Vermutungen anstellen kann. Auf jeden Fall liegt er im Erdgeschoss in dem ost-westlich verlaufenden Teil des Hinterhauses. Gegen Süden zeigt er die Fassade eines gewöhnlichen Wohnhauses, an der zum Garten gelegenen Nordseite hat er sehr große Fenster. Es soll auch eine Mikve gegeben haben.

## 5. Antisemitismus in Heidelberg

Heidelberg, die Stadt mit der ersten Hochschule in Deutschland gilt schon früh als liberal. Bis zur Weimarer Republik sonnt sich die Universität noch in ihrem Ruf als liberale „Musteruniversität", wie schon weiter oben angesprochen.

Das ist aber nur auf den ersten Blick tatsächlich der Fall. Denn im Verborgenen und auch im weniger Geheimen hebt bereits die Hydra erst von Antijudaismus, dann von Antisemitismus ihr hässliches Haupt.

### *5.1 Professor Jakob Friedrich Fries und seine Abhandlung gegen die Juden*

Trotz oder gerade wegen fortschreitender Emanzipation und rechtlicher Gleichstellung mit den christlichen Mitbürgern erleben die Juden spätestens seit den 1880er Jahren des 19. Jahrhunderts und danach die Kehrseite der Emanzipation sozusagen am eigenen Leib: den damals zum ersten Mal so genannten Antisemitismus – dieser Begriff wird 1879 als Schlachtruf im politischen Kampf geprägt und auch gerne und häufig verwendet. Ein Angehöriger der Universität tut sich mit seinen antisemitischen Schriften und Vorschlägen zur „Lösung der Judenfrage" ganz besonders hervor; außerdem dürfte er wohl kräftig dazu beigetragen haben, die Stimmung gegen die Juden in der Stadt anzuheizen und ihre Gegner zu einer Reihe von Übergriffen ermutigt zu haben, wie sie sich dann auch zugetragen haben (siehe dazu Teil I., Kapitel 4.1).

Der Philosophie- und Mathematikprofessor (in Heidelberg 1805 bis 1816) Jakob Friedrich Fries bezeichnet in seiner Abhand-

Abb. 43: Judenverbrennung. Schedelsche Weltchronik. Diese Behandlung wünschte sich der Heidelberger Professor Jakob Friedrich Fries für die Juden im Deutschen Reich (1816).

lung „Über die Gefährdung des Wohlstandes und Charakters der Deutschen durch die Juden", zuerst erschienen in den Heidelberger Jahrbüchern der Literatur, dann im gleichen Jahr (1816) in zweiter Auflage im Verlag Mohr und Winter, die „Judenschaft" als ein Überbleibsel aus einer ungebildeten Vorzeit, das man nicht beschränken, sondern ganz ausrotten (sic!) solle. Weiter ist er der Ansicht, die Judenschaft sei eine Völkerkrankheit. Überdies seien die Juden, das meint er, bei Bürgern und Bauern als Volksverderber und Brotdiebe verhasst und er sieht voraus, dass ihr Unwesen nicht ohne eine schreckliche Gewalttat zu Ende gehen könne. Er empfiehlt, den Juden wieder alle Bürgerrechte zu nehmen und ihnen wie einst in Spanien den Schutz aufzusagen – wobei er nicht zu erwähnen vergisst, dass es dem Volk dort eine Freude gewesen sei, die Juden zu Tausenden auf den Scheiterhaufen verbrennen zu sehen.

Kommt das nicht irgendwie bekannt vor? Martin Luther hat ähnliche Empfehlungen ausgesprochen, und Adolf Hitler und seine Schergen haben sie im Jahrhundert danach getreulich ausgeführt!

### *5.2 Weitere akademische Vorreiter des Antisemitismus*

Wie bereitwillig die Propaganda des Professors für Philosophie und Mathematik, Jakob Friedrich Fries, von anderen Judenhassern aufgegriffen wird, beweisen die Argumente des Historikers Heinrich von Treitschke, der zwischen 1867 und 1874 in Heidelberg lehrt. Im späteren so genannten Berliner Antisemitismusstreit fordert er, die Judenemanzipation wieder rückgängig zu machen und alle Juden, die nicht zur vollständigen Assimilation, d. h. zur Taufe, bereit sind, unter Fremdenrecht, was immer darunter zu verstehen sein mag, zu stellen. Diesem berühmten Nacheiferer der abstrusen Theorien des Heidelberger Professors Fries hat die Stadt Heidelberg bis zum heutigen Tag eine „Treitschke-Straße" gewidmet, eine recht bescheidene zwar, die rechter Hand von der größeren Rohrbacher Straße abzweigt, wenn man vom Adenauerplatz kommt. Trotzdem... Ehrung eines frühen Antisemiten mit einer Straße in einer Stadt, die sich als weltoffen versteht?

Aber selbst gemäßigte Stimmen wie der Heidelberger Kirchenhistoriker Heinrich Eberhard Gottlob Paulus vertreten ähnliche Meinungen. In seiner Schrift über „die jüdische Nationalabsonderung", die eine weite Verbreitung erfährt, erklärt er, die „Judenschaft" – und hier verwendet er, bewusst oder unbewusst, das sei dahingestellt, die Terminologie des gegen die Juden hetzenden Jakob Friedrich Fries – könne nicht die Staatsbürgerrechte in einem Staat erhalten, solange sie im rabbinisch-mosaischen Sinn am Jüdischen festhalte, denn, – und hier wird es perfide –, da sie eine abgesonderte Nation bleiben wolle, müsse sie auch immer eine geschiedene Nation bleiben! Diese Worte haben für die Juden schwere Folgen. Sie werden nicht mehr als Angehörige einer anderen Religion betrachtet, vielmehr gelten sie fortan als eine eigene Nation, sozusagen als ein Staat im Staat!

Im Krieg von 1914 verbreitet der Ordinarius für Dogmengeschichte, Ludwig Lemme, ganz offen seine antisemitischen Tiraden.

Für ihn ist das Judentum ein Verwesungselement in der modernen Gesellschaft, und er warnt vor den jüdischen Kriegsgewinnlern. Schließlich seien die Juden, so meint er, selbst schuld am Antisemitismus. Sogar mitten im Krieg blüht der Antisemitismus, wenngleich etwas verhaltener, weiter. So ist in den erst 1939 veröffentlichten Feldpostbriefen des angesehenen Heidelberger Mediziners Ludolf von Krehl nachzulesen, was ihm am „Jüdischen" so unangenhem ist, und er bringt gleich eine ganze Liste hässlicher Charaktereigenschaften, die ihm zufolge für den Juden typisch sind: seine internationale, auf das Geld allein bedachte, materialistische, gott- und poesielose Art, die die Deutschen anscheinend von den Juden übernommen haben. Und selbst philosemitische Gelehrte übernehmen unüberlegt die den Juden von den Antisemiten zugeschriebenen Eigenschaften. Das gilt auch für Alfred Weber, der ihnen in seinem 1915 veröffentlichten Kriegstagebuch typische Merkmale wie Rationalität, Intellektualität, Erwerbssinn, Anpassungsfähigkeit, politisches Talent und so weiter zuschreibt.

Als neben dem Nationalökonomen Eberhard Gothein, ein entschiedener Gegner des Antisemitismus, auch der Historiker Hermann Oncken, die Brüder Weber und eine Reihe anderer Heidelberger Gelehrter die Juden zu einem Volk und einer Rasse deklarieren, statt sie wie in der Vergangenheit als eine Religionsgemeinschaft zu betrachten, können die Antisemiten im Gefolge des Kirchenhistorikers Paulus, der, wie schon erwähnt, als gemäßigte Stimme gilt, triumphieren: Sie haben die Religionsgemeinschaft der Juden in eine Rasse umdefiniert und können damit ihre Assimilation verhindern. Diese Theorie wird später von der nationalsozialistischen Propaganda begeistert aufgegriffen.

Nach der Niederlage 1918 und danach im Wahlkampf zur badischen Nationalversammlung lässt sich der Philosophieassistent Arnold Ruge als Kandidat aufstellen. Im Rahmen seiner nationalen Agitation, die er auch schon vor und während des Krieges betrieben hat, greift er mit Vorliebe antisemitische und auch frauenfeindliche – die beiden gehen von nun an oft Hand in Hand, sind doch beide Segmente der Bevölkerung gleichermaßen unterdrückt – Parolen auf und verbreitet sie ungehemmt und ungehindert. Im Jahr 1920 wird Ruge als einzigem rechtsradikalem Hochschullehrer nach einem

Disziplinarverfahren die Lehrberechtigung entzogen – allerdings nicht wegen seines virulenten Antisemitismus, sondern wegen der Frage, ob er, dabei geht es um eine ganz andere Sache, die „Gesamtkorporation der Universität und ihre Repräsentanten“ beleidigt habe.

Der Physiker und Nobelpreisträger Philipp Lenard unterstützt als einziger öffentlich Ruge. Einsteins Relativitätstheorie lehnt er als Ausdruck typisch jüdisch-abstrakten Denkens ab. Genau wie bei Ruge gehen bei ihm Antisemitismus und Antifeminismus Hand in Hand. 1921 kommt es zum Eklat in Heidelberg, denn Lenard weigert sich, als Zeichen des Gedenkens an den Mord an Rathenau die von Amts verordnete Arbeitseinstellung an seinem Institut einzuhalten und die Fahne auf halbmast zu hissen. Empörte Teilnehmer am von der Gewerkschaft organisierten Trauerzug stürmen Lenards Institut am Philosophenweg und führen ihn erst zum Gewerkschaftshaus am Bismarckplatz und von dort ins Untersuchungsgefängnis am Faulen Pelz. Lenard befindet sich mehrere Stunden in Schutzhaft.

Es würde den Rahmen dieses Beitrags sprengen, würden alle Antisemiten und alle antisemitischen Äußerungen von Heidelberger Professoren aufgezählt. Nur auf den Honorarprofessor für Sozial- und Völkerpsychologie, Willy Hellpach, sei noch eingegangen. Schließlich trägt ein Gymnasium in Heidelberg seinen Namen, an dem heute auch jüdische Schüler wieder ihr Abitur machen, vermutlich ohne im Geringsten zu ahnen, was der Namensgeber ihrer Schule von ihnen bzw. ihren Glaubensgenossen gehalten hat. Hellpach empfindet Juden, wenn sie einzeln auftreten, als sehr viel angenehmer, als wenn man ihnen in einer Gruppe begegnet. Für ihn klafft ein tiefer Spalt zwischen dem „Germanischen“ und dem „Jüdischen“. Ihm fällt ihr sippenhaft gehäuftes Erscheinen auf, ebenso wie ihr starker Erwerbssinn und ihre starken Erwerbsgaben. Ihr ausgeprägter Materialismus kenne kein bürgerliches Berufsethos. Aber im Gegensatz zu den virulenten Antisemiten ist er für die Integration von Juden – vorausgesetzt, sie tragen das Ihrige dazu bei, indem sie sich nämlich vor allem in der Politik und im öffentlichen Leben ganz stark zurücknehmen, denn mit ihrer Überrepräsentation dort peitschten sie die Abwehrinstinkte der anderen auf. Nach 1933 ergeht Hellpach sich in einer Tirade gegen die Psychoanalyse und findet es bemerkenswert, dass diese „Mode“ von jüdischen Forschern ausgegangen sei, einer „morgenländischen Menschengattung“, der er einige eigentümliche Merkmale zuschreibt, die hier nicht unbedingt wiederholt werden müssen.

Der Theologiedozent Andreas Duhm bezeichnet schließlich den Ausschluss der Juden von der Universität als eine „gesunde Regelung“. Ebenso zufrieden äußert sich der schon weiter oben diskutierte Lenard darüber, dass die Wissenschaft im Deutschen Reich fortan keine „Judensache“ mehr sei.

Auch in den Jahren danach bis 1945 geben Heidelberger Hochschullehrer eingehend und oft auch geradezu rabiat ihre Meinung zur „Judenfrage“ von sich. Um aber, wie schon kurz zuvor gesagt, den Rahmen dieses Beitrags nicht zu sprengen, soll darauf nicht weiter eingegangen werden, vielmehr sei auf die Literaturhinweise am Ende dieses Bandes hingewiesen. Sie enthalten weitere Einzelheiten zu diesem Phänomen des unter den Heidelberger Professoren grassierenden Antisemitismus.

### *5.3 Die Ablehnung des Antisemitismus an der Universität*

Aber nicht nur antisemitische Äußerungen werden von Heidelberger Universitätsprofessoren verbreitet. Einige, wenn auch wenige, wehren den Anfängen, allerdings sind sie schon bald überstimmt. Der schon weiter oben erwähnte Nationalökonom Eberhard Gotheim wird zu einem der nachdrücklichsten Gegner des Antisemitismus gezählt. Als er 1914 Rektor der Universität wird, bedauert er öffentlich, dass der große Krieg (1914-1918) den Antisemitismus hinweggefegt habe, womit er meint, die Diskussion um den Antisemitismus sei während der Dauer des Krieges sozusagen unter den Teppich gekehrt worden, was nicht ganz stimmt, denn unter der Oberfläche schwelt er weiter, wie die oben erwähnten Kriegstagebücher belegen.

Im Jahr 1919 veröffentlicht die Lokalpresse eine „Erklärung“ gegen den Antisemitismus und gegen Ruges Agitation. Knapp fünfzig Honoratioren, darunter auch zehn Professoren der Universität Heidelberg, haben sie unterzeichnet. Die Erklärung wendet sich in

Abb. 44: Gurs, Südfrankreich. Die Bahnschienen ins Lager.

knappen Worten an die Öffentlichkeit und bringt es fertig, das Wort „Antisemitismus“ nicht ein einziges Mal zu verwenden, obwohl ihre Erklärung dagegen gerichtet ist.

Schon davor hat sich der „Verein zur Abwehr des Antisemitismus“ in weitaus klareren Worten als die Honoratioren und Professoren in ganzseitigen Anzeigen gegen Ruge und seine Vorwürfe gewandt, in denen die Meinung vertreten wird, die Reaktionäre und die Chauvinisten ebenso wie die Antisemiten trügen die Schuld am Krieg und nicht die Juden. Damit erschöpft sich, soweit aus der Literatur ersichtlich, auch schon die Liste der Gegner des Antisemitismus. Bald verstummen auch diese wenigen mäßigenden Stimmen völlig. Niemand verteidigt die jüdischen Professoren und Studenten, genauso wenig wie die jüdischen Bürger Heidelbergs und Deutschlands im Allgemeinen vor den hemmungslosen An- und Übergriffen der Nationalsozialisten und ihrer Schergen.

### *5.4 Die Deportation nach Gurs*

Am 29. Oktober 2000 unterwegs zum Friedhof in Gurs. Die Verfasserin dieser Zeilen ist als Gast der Stadt Heidelberg mit zwei weiteren Vertretern der Jüdischen Kultusgemeinde Heidelberg nach Südfrankreich geflogen. Aus den Gemeinden in Baden sind sie herbeigeströmt zu der Gedenkveranstaltung – nicht „Gedenkfeier“, was gibt es schon zu feiern auf dem Friedhof von gewaltsam Deportierten? –, die alljährlich gemeinsam von Deutschen und Franzosen in dem kleinen Dorf Gurs am Fuß der Pyrenäen durchgeführt wird.

Gurs. Bahnschienen, zwischen den Schwellen totes Laub in Gelb bis Dunkelrot, bunte Farbtupfer darüber in Gestalt der französischen Tricolore. Am Ende der Schienen das neu errichtete Skelett einer Baracke, jetzt sauber, leer und steril. Gedenktafeln und Gedenkstelen. Und überall Grabsteine, schlichte Rechtecke, aus grauem Stein mit schwarzer Inschrift, mit Namen, Vornamen, Lebensdaten und Herkunftsort. Wie ein Hauch, wie ein Schluchzen wehen die Worte des Vorsitzenden des Oberrats der Juden in Baden über den Friedhof zum Eingangstor, an dem die Nachfahren der Kohanim, der Priester, stehen bleiben müssen, wollen sie sich durch die Berührung mit Toten nicht rituell verunreinigen.

Und das ist der Grund für diese Gedenkveranstaltung und für dieses Gräberfeld, nicht von Soldaten, die im Kampf gefallen sind, und auch nicht von Terroristen, die bei Anschlägen auf zivile Ziele ums Leben kamen, sondern von Zivilisten, von unbescholtenen Frauen und Männern und Kindern, von Alten und Jungen, von Gesunden und Gebrechlichen, die, genau wie ihre Vorfahren, als gesetzestreue Bürger still und ruhig in ihrer Heimatstadt lebten.

Robert Wagner (1895-1946) und Josef Bürckel (1895-1944), den Gauleitern von Baden und Saarpfalz, werden nach dem Waffenstillstand mit Frankreich im Juni 1940 zusätzlich die Gebiete Elsass und Lothringen unterstellt. Niemand weiß, was sie dazu bewog, den Plan zu fassen, alle Juden aus den ihnen unterstellten Gebieten auszuweisen und nach Frankreich zu deportieren. War es die von ihnen allzu großzügig ausgelegte Klausel im Waffenstillstandsvertrag, die besagt, dass alle Juden französischer Staatsangehörigkeit in den unbesetzten Teil Frankreichs abgeschoben werden können? Anscheinend ja, denn in einer willkürlichen Interpretation dieser Klausel dehnen Wagner und Bürckel sie aus, sodass sie sich fortan auf sämtliche Juden in den Gauen Baden und Saarpfalz erstrecken. Das badische Innenministerium kommt den beiden Gauleitern entgegen und ordnet am 15. Oktober 1940 an, alle „Volljuden" aus Baden und Saarpfalz auszuweisen.

Dieses Vorgehen am 22. und 23. Oktober 1940 überrascht die französische Regierung in Vichy, die keinerlei Vorkehrungen für die Unterbringung der 6504 Juden getroffen hat. Kurzerhand verlegt die französische Regierung die ungebetenen Gäste aus Baden und Saarpfalz in das Internierungslager Gurs und protestiert bei der Reichsregierung. Berlin reagiert auf diesen Protest nicht. Die deportierten Menschen bleiben in Gurs.

Und so hat es die Juden in Heidelberg getroffen. Am Vorabend des 22. Oktober 1940 haben die Heidelberger Juden das jüdische Neujahrsfest und den Versöhnungstag sowie die zehn Tage der inneren Einkehr, die zwischen beiden liegen, hinter sich. Schon bald wird sich erweisen, wer in diesen Tagen der Umkehr und Reue ins Buch des Lebens eingetragen wurde und wer nicht. Nun neigt sich *Sukkot*, das achttägige Laubhüttenfest, das an die vierzigjährige Wanderung der Israeliten von Ägypten ins Gelobte Land und an die Zelte und Hütten erinnert, die sie während dieser Zeit bewohnten, dem Ende zu.

Während die Juden der Zeitumstände wegen wohl in gedämpfter Stimmung ihr Fest begehen, wird ihre Deportation aus Baden und Saarpfalz unter strengster Geheimhaltung nach der Verordnung des badischen Innenministeriums am 15. Oktober 1940 generalstabsmäßig vorbereitet und dann auch durchgeführt. In aller Herrgottsfrühe, am Morgen des 22. Oktober 1940, schlagen sie dann zu, wie schon so oft in der Vergangenheit, ausgerechnet an einem jüdischen Feiertag: Überfallartig schwärmen Beamte der Gestapo und der Ordnungspolizei aus, um die Juden über ihre Ausweisung aus Deutschland zu informieren und zur Eile anzutreiben, denn innerhalb von zwei Stunden haben sie abmarschbereit zu sein, müssen für immer von ihrer vertrauten Umgebung Abschied nehmen. Mitnehmen dürfen sie lediglich einen Koffer und nicht mehr als einhundert Reichsmark Bargeld. Ihr gesamtes Hab und Gut bleibt zurück, ihre Wohnung wird versiegelt. Dass alles in bestem Zustand zurückbleibt, wird für die Täter noch von großem Nutzen sein. Doch davon später. Danach geht es zur Sammelstelle auf dem Marktplatz in der Altstadt vor dem schönen barocken Rathausbau oder aber direkt zum Hauptbahnhof, der damals noch an der Rohrbacher Straße liegt. Auf dem Bahnsteig 1a wartet schon ein Zug auf sie.

Erstaunlich zahlreich, aber sehr stumm, so die Zeitzeugen, stehen die Heidelberger auf der Hauptstraße und auf dem Bahnhof und schauen zu, wie ihre jüdischen Mitbürger abgeführt und abtransportiert werden. Es sage niemand, er habe es nicht gesehen! So überraschend und schlagkräftig wird diese Aktion durchgeführt, dass sich kein Protest erhebt, keine Weigerung der betroffenen Juden ertönt. Aus allen Orten laufen Erfolgsmeldungen bei der SA ein und werden triumphal nach Berlin weitergemeldet: reibungsloser Abtransport, keine Ansammlungen, fast unbemerkt von der breiten Öffentlichkeit, was nicht ganz den Tatsachen entspricht, siehe oben, kaum Zeugen, die sich geäußert hätten, was den Tatsachen entspricht, keine Fotos und auch keine Prozesse gegen Beteiligte, kurz eine gelungene Aktion. Der neue Terror ist kalt und präzise im Voraus geplant und verwirklicht.

Um 18.15 Uhr verlässt der Zug unter SA-Bewachung Heidelberg und fährt über Belfort ins unbesetzte Frankreich. Dort übergeben die SA-Leute den Zug mit seiner menschlichen Fracht den völlig überrumpelten französischen Behörden, die ihn weiter in den Süden ins Lager Gurs am Fuß der Pyrenäen leiten. Dort treffen die von der plötzlichen Aktion noch immer überwältigten Menschen drei Tage später ein. Triumphierend melden die beiden Gauleiter Hitler, dass ihre Gaue als erste im Reich „judenfrei" sind. Damit ist das jüdische Leben in Baden und Saarpfalz mit einem Schlag beendet.

An diesem Tag, dem 22. Oktober 1940, werden insgesamt 301 jüdische Heidelberger Bürger nach Gurs deportiert, einem kleinen Dorf mit heute 381 Einwohnern. Ursprünglich wurde Gurs im Frühjahr 1939 in der Rekordzeit von nur sechs Wochen als *Centre d'acceuil*, also Auffanglager, für die nach Francos Sieg aus Spanien geflohenen Soldaten der Republikanischen Armee und der Freiwilligen der Internationalen Brigaden errichtet. Stacheldraht umgibt das Lager, es ist in dreizehn *ilôts*, d.h. Blocks, vier für Frauen und neun für Männer, eingeteilt, die 382 simple Holzbaracken umfassen, in die jeweils ungefähr sechzig Personen gepfercht werden. Die Baracken sind absolut leer. Es gibt keine Betten, keine Stühle, keinen Tisch, ja nicht einmal Strohsäcke. Die Menschen müssen auf ihrem Gepäck schlafen. Durch die undichten Dächer tropft der Regen – es ist Ende Oktober, also Herbst, als die Deportierten eintreffen –, und alles ist nass. Es gibt weder Strom noch Licht. Nur Fensterklappen verschließen die Baracken. Werden sie wegen der Kälte geschlossen, ist es drinnen dunkel, öffnet man sie, wird es schnell kalt. Die hygienischen Verhältnisse sind unbeschreiblich, nicht einmal die Latrinen haben Schutzwände, so dass man selbst dort voll exponiert ist.

Gleich im ersten Winter 1940/41 sterben die meisten Deportierten, vor allem die Alten und Schwachen infolge der katastrophalen Verhältnisse. An sie erinnern die einfachen rechteckigen Grabsteine. (Keine Kreuze [sic!], wie in einem Bericht in der Rhein-Neckar-Zeitung vom 9. Mai 2001 geschrieben. Die Toten sollte man nicht im Nachhinein noch taufen, wenn sie es schon nicht als Lebende getan haben.) Im August 1942 beginnt der Abtransport der noch überlebenden Juden aus den französischen Internierungslagern, und damit auch aus Gurs, nach Auschwitz.

Als der Krieg aus ist, werden die Baracken abgerissen und das Gelände mit einem Wald bepflanzt. Gurs ist vergessen. Erst 1957 schreibt die „Badische Volkszeitung" von der Verwahrlosung der

Abb. 45: Gurs, Südfrankreich. Die Gräber der im Lager gestorbenen deportierten Juden aus Baden und Saarpfalz.

Friedhöfe, in denen die Deportierten in Gurs und Noë in Südfrankreich beigesetzt sind. Daraufhin wird der Friedhof in Gurs restauriert und 1963 feierlich eingeweiht. Die Städte Freiburg, Heidelberg, Karlsruhe, Mannheim, Pforzheim, ab 1994 Konstanz und ab 1996 auch Weinheim unterhalten ihn.

Insgesamt hat knapp ein Drittel der jüdischen Heidelberger Bürger die Deportation und den Holocaust überlebt. Wie viele davon danach an den Spätfolgen ihrer unmenschlichen Haft gestorben sind, lässt sich nicht mit Bestimmtheit sagen.

Noch ein kurzes Wort zu dem Besitz, den die so plötzlich Deportierten zurücklassen müssen: Kaum fahren die jüdischen Besitzer ihrem unausweichlichen Schicksal entgegen, streiten sich die Zurückgebliebenen schon wie die Raben um ihre Habe. Der Einfachheit halber werden die Deportierten Reichsflüchtlingen gleichgestellt. Damit verlieren sie ihre Staatsangehörigkeit, und ihr Besitz verfällt dem Deutschen Reich. Praktisch sieht es so aus, dass die Heidelberger Polizeidirektion einen Gerichtsvollzieher am Amtsgericht mit der öffentlichen Versteigerung des Hausrats jeweils einer Familie nach der anderen beauftragt.

Schon für den 28. und den 29. November 1940 wird eine solche öffentliche Versteigerung in dem Blatt *Volksgemeinschaft* angekündigt. Angeboten werden „**1 mod. Speisezimmer**, bestehend aus: 1 Büfett, 1 Kredenz, 1 oval. Ausziehtisch m. Schoner u. Decke, 4 Stühle und 2 Sessel m. Polstersitz (neuwertig)." Auch vor dem Elternschlafzimmer macht man nicht halt, sondern bietet es zum Ersteigern an: „**1 mod. eich. Schlafzimmer**, bestehend aus: 2 Betten m. Kapokmatr., 2 Federdeckbetten, 2 Kopfkissen, 1 dreitür. Spiegelschrank, 1 Wäscheschrank, 1 Frisiertoilette, 1 Waschtisch mit Marmor u. Spiegel, 2 Nachttische und 2 Stühle." Diese Familie hat ein Kind und deshalb fehlt auch ein Kinderzimmer nicht im Angebot: „**1 weißes Kinderschlafzimmer**, bestehend aus: 1 Bett mit dreiteilig. Matratze, 1 Deckbett, 1 Kopfkissen, 1 Waschtisch, 1 kl. Tisch, 1 Nachttisch, 1 kl. Wäscheschrank, 1 Truhe u. 2 Stühle." In gleicher Weise werden auch die restlichen Einrichtungsgegenstände dieser unbekannten Familie an den Meistbietenden verscherbelt.

Es existieren vollständige Inventarlisten in der gerade zitierten Art, die die Ersteigerer und die von ihnen ersteigerten Gegenstände sowie die Erlöse anführen. Schnäppchenjäger aus allen Bevölkerungsschichten strömen herbei, um so geraubtes jüdisches Eigentum billig zu erstehen. Keine Gewissensbisse bewegen sie: Schließlich haben sie das Ersteigerte ordnungsgemäß erworben, nicht von den Opfern, behüte, sondern von ihren eigenen Behörden. Bis heute hat niemand auch nur ernsthaft erwogen, den Opfern oder ihren Erben das Geraubte zurückzuerstatten oder sie dafür zu entschädigen.

Nach zahlreichen feierlichen Ansprachen von Bürgermeistern und anderen Honoratioren, einem Besuch auf dem Friedhof Noë und einem abschließenden Gedenkgottesdienst in der kleinen Synagoge von Pau geht es zurück nach Heidelberg. Zwei Tage lang leben wie in einer Auszeit. Auf den Spuren der Deportierten, wenngleich unvergleichlich komfortabler als diese Unglücklichen. Aber wir haben die gleiche Herbstluft geatmet und eine noch immer ähnliche Landschaft erlebt, hier, tief im Süden von Frankreich, zu Füßen der Pyrenäen.

## 6. Die Jüdische Kultusgemeinde Heidelberg, 1945 bis 1992

Nach der Deportation im Jahr 1940 gibt es noch immer Juden in Heidelberg, sei es, weil sie zum Zeitpunkt der Deportation zu ihrem Glück nicht zu Hause sind oder aber weil sie zu krank oder zu schwach sind, um mitgenommen zu werden. Sie werden später in mehreren Schüben, diesmal gleich direkt in den Osten deportiert: Am 1. Dezember 1941 geht es in Richtung Riga, am 26. April 1942 nach Polen, am 22. August 1942 nach Theresienstadt, im April 1943 in Konzentrationslager in Polen, im Januar 1944 nach Theresienstadt. Sogar im Februar 1945 (!) wird die Deportation der jüdischen Partner aus den noch bestehenden „Mischehen" und der „Mischlinge ersten Grades" angeordnet. Damit ist die jüdische Gemeinde praktisch ausgelöscht. Die Synagogen in der Altstadt und in Rohrbach sind zerstört, die Friedhöfe bieten ein Bild der Verwüstung.

Wenige Tage nach der Besetzung der größtenteils unzerstörten Stadt durch amerikanische Truppen kehren alle im Februar 1945 nach Theresienstadt Deportierten zurück. Sie, zusammen mit ungefähr dreißig Überlebenden aus Konzentrationslagern und einigen

Abb. 46: Gurs, Südfrankreich. Skelett einer Lagerbaracke.

Emigranten, die bei Kriegsende heimkehren, bilden den Grundstock der neuen jüdischen Gemeinde. Noch im gleichen Jahr, 1945, gesellt sich ihnen ein beträchtliches Kontingent jüdischer *Displaced Persons* (DP) dazu, bei denen es sich um überlebende Insassen von Konzentrationslagern und um polnische Juden handelt, die während des Krieges nach Ostrussland evakuiert worden waren und bei Kriegsende von den Sowjets wieder zurück nach Polen gebracht wurden, wo sie auf eine weiterhin antisemitische Bevölkerung stoßen, die sie feindlich, zum Teil sogar mit neuen Pogromen begrüßt. Viele betrachten sich auf der Durchreise in die Vereinigten Staaten oder ins Land Israel. 1946/47 hat sich die Zahl der jüdischen Gemeindemitglieder auf 300 erhöht. Davon sind zwei Drittel DPs, d. h. „Displaced Persons", von denen mindestens 40 Prozent nach eigenen Angaben in Deutschland bleiben wollen. Bis 1958 kehren noch rund weitere fünfzig Emigranten nach Heidelberg zurück.

Aber die Altersstruktur der jüdischen Gemeinde ist unausgeglichen. Noch in der Mitte der 1950er Jahre sind über 40 Prozent der Gemeindemitglieder in Heidelberg älter als 60 Jahre. Die Altersgruppen der 16- bis 30 Jährigen fehlen fast vollständig. Nur knapp ein Viertel der männlichen Gemeindemitglieder kann ein regelmäßiges Arbeitseinkommen nachweisen. Sonst kennzeichnen Alter, durch Besitzverlust bewirkte Armut und durch Deportation verursachte Krankheit die Lage in der neuen jüdischen Gemeinde. Es ist eine Gemeinde der überwiegend Alten, und lange Jahre sieht es so aus, als würde sie kaum mehr als eine Generation bestehen.

Gleich im Frühjahr 1945 richten die amerikanischen Militärbehörden in der Klingenteichstraße 4 einen Betsaal ein, der bis zu seiner Verlegung in die Häusserstraße 10-12, das ist die damalige „Villa Julius", genutzt wird. Amerikanische Armeerabbiner übernehmen die Betreuung auch der Heidelberger Gemeinde. Am 1. September 1946 findet dann die feierliche Einweihung von Synagoge und Gemeindehaus der „Jüdischen Kulturgemeinde Heidelberg", so heißt es auf dem Programm ausdrücklich, in der Häusserstraße 10-12 unter Teilnahme auch von Vertretern der amerikanischen Armee statt. Dazu spielt das Heidelberger Bach-Quartett.

In dem Gemeindezentrum, das nach dem Zweiten Weltkrieg hier in Heidelberg wie auch anderenorts immer zusammen mit einer

# EINWEIHUNG

der

Synagoge und des Gemeindehauses
Jüdische Kulturgemeinde Heidelberg

# CONSECRATION

of

Synagogue and Jewish
Community House Heidelberg

---

1. September – 5. Elul 1946 – 15[00]

Heidelberg, Häusserstraße 10–12

Abb. 47: Programm der Einweihung von Synagoge und Gemeindehaus in der Häusserstraße 10-12 am 1. September 1946.

Synagoge entsteht, sind eine Bibliothek und ein Kindergarten untergebracht, seit 1947 gibt es dort ein Studentenwohnheim und seit März 1951 ein jüdisches Altersheim in der oberen Etage, das bis 1970 existiert. 1955 erwirbt die Jüdische Kultusgemeinde Grundstück und Gebäude. Bis einschließlich 1972 wird das Gebäude der Villa Julius von der Gemeinde als Synagoge genutzt. Im Mai 1979 zieht die Gemeinde in einen provisorischen Betsaal in der Rohrbacher Straße um, denn auf dem Grundstück der Villa Julius soll ein neues Gemeindezentrum mit Synagoge, ein jüdisches Studentenwohnheim und das Institut für Judaistik entstehen.

Als in der Öffentlichkeit bekannt wird, dass die Villa Julius abgerissen werden soll, entdecken die Anwohner plötzlich, wie sehr ihnen dieses Haus am Herzen liegt, und sie protestieren lautstark. Dennoch erfolgt der Abriss im Dezember 1977. Aber ganz so schnell geht es mit dem Neubau nicht. Erst am 19. Juni 1992 findet die Grundsteinlegung für die neue Synagoge mit Gemeindezentrum statt. Auch das geht nicht ohne hässliche Proteste: Ein Anwohner in einem der Häuser bei dem Platz hisst eine schwarze Fahne, und man ist sich einig: Hier will man keine Juden. Auch heute noch sind einige der Ansicht, die Synagoge passe in dieses Stadtviertel wie die Faust aufs Auge. Oder doch eher die Juden?

Am 9. November 1992 ruft die Arbeitsgemeinschaft Christlicher Kirchen und die Gesellschaft für christlich-jüdische Zusammenarbeit während eines ökumenischen Gottesdienstes zum Gedenken an die Pogromnacht 1938 zu Spenden für den silbernen Chanukka-Leuchter auf, der seit eben jener Pogromnacht spurlos verschwunden ist. Bei der Übergabe der Gelder, die bei dieser Kollekte gesammelt werden, zusammen immerhin stolze DM 7000 auf einen Schlag, benötigt werden insgesamt ungefähr DM 50 000, betonen die Vertreter der beiden christlichen Organisationen, ihre Sammelaktion sei als Zeichen der Verbundenheit mit der jüdischen Gemeinde zu verstehen, denn schließlich hätten die Heidelberger selbst die Synaogoge in Schutt und Asche gelegt. Pünktlich zur Einweihung der neuen Synagoge im Januar 1994 ist diese Reproduktion des alten silbernen Chanukka-Leuchters dann auch wirklich fertig und wird feierlich der jüdischen Gemeinde übergeben (s. Abb. 34).

In der Antike und auch noch lange danach werden in den offiziellen Annalen eines Königreichs immer nur die guten Taten der Herrscher beschrieben, während die Bibel ihre Helden mit allen ihren Warzen schildert. Das ist nicht immer sehr schmeichelhaft für die Betroffenen, auf jeden Fall aber ehrlicher. Und aus diesem Grund sei nun auch im Folgenden vom zweiten Synagogenstreit berichtet, der viel bösen Staub in der Öffentlichkeit aufgewirbelt hat. Aber wie schon in der Bibel ist es wohl der Sache dienlicher, wenn darüber von Eingeweihten berichtet wird, die dabei waren und alles am eigenen Leib erfahren haben, als viele Jahre später von Außenstehenden, denen die eine oder andere wichtige Kleinigkeit entgehen mag. Sei's drum.

Das rauschende Fest der Gemeindemitglieder anlässlich der Einweihung der neuen Synagoge am 6. Januar 1994, auf dem sich noch alle unbeschwert freuen dürfen, ist für längere Zeit das letzte freudige Ereignis in der Gemeinde in ihrem neuen Gemeindezentrum. Schon am Tag der Einweihung legt, wie man sich erinnern wird, der erste Vorsitzende, Abraham de Wolf, den Keim für ein heftiges Zerwürfnis innerhalb der Gemeinde, das sie einige Monate lang derart spaltet, dass die zerstrittenen Parteien nicht einmal mehr unter einem gemeinsamen Dach beten wollen.

Vorausgegangen ist diesem Streit ein Vorspiel, als die Künstlerin Jiska de Wolf, die auch gleichzeitig die Ehefrau des ersten Vorsitzenden ist, ihren Entwurf für die zehn Gebote auf Hebräisch vorlegt. Darin hat sie beim ersten Gebot den Gottesnamen voll ausgeschrieben, was nicht sein darf. Erst nach heftigen Diskussionen wird dieser Faux-pas korrigiert. Darauf folgt bei der Einweihung die Mitteilung über die Sitzordnung in der neuen Synagoge.

Auf einer mehr als lebhaften Gemeindeversammlung wird auf Betreiben des ersten Vorsitzenden der erst wenige Monate zuvor eingestellte Vorbeter Wallach aus Israel nach einer Abstimmung aus dem Amt entlassen. Der Vorwurf gegen ihn: Er trage die Thora-Rolle am Ende der Lesung nicht dicht genug bei den im Erdgeschoss rechts sitzenden Frauen vorbei, sodass diese sich übergangen fühlen. Und auch sonst gibt es viele Klagen über diesen orthodoxen Vorbeter, der dem liberalen Flügel missfällt.

Denn inzwischen hat sich der liberale Flügel, zu denen sich auch der erste Vorsitzende samt Ehefrau zählt, fest formiert. Als er auch noch den „Familiengottesdienst“ einführt, ist es mit dem Frieden in der Gemeinde vorläufig vorbei. Nicht nur sollen die Frauen auf einer Seite der Synagoge oben wie unten sitzen, vielmehr sollen beim „Familiengottesdienst“ alle Familien zusammen auf einer Bank, also Männlein und Weiblein bunt gemischt sitzen dürfen – ein Unding für jeden traditionellen Juden in einer nach orthodoxem Ritus geführten Synagoge. Darüber hinaus wird der Gottesdienst nicht mehr, wie bis dahin, ausschließlich auf Hebräisch geführt, mit Ankündigungen auf Deutsch, sondern man beginnt mit Einschüben auf Deutsch und auch auf Russisch. Damit wendet man sich an die russischen Zuwanderer, um sie für seine Art des Gottesdienstes zu gewinnen.

Als Proteste, auch während des Gottesdienstes, das hat in Heidelberg Tradition, man denke nur an den ersten Synagogenstreit zu Beginn des 18. Jahrhunderts, an der Lage nichts ändern, treffen sich die traditionelleren Gemeindemitglieder in einem Raum der Hochschule für Jüdische Studien, den der damalige Rektor, Professor Julius Carlebach, freundlicherweise zur Verfügung stellt. Nach einer kurzen Anlaufzeit gibt es sogar einen schönen Kiddusch gleich vor diesem provisorischen Betsaal.

Leider begnügt sich die eine Partei nicht mit dem praktischen Herauswurf der traditionelleren Gemeindemitglieder, vielmehr beginnt jetzt eine schmutzige Kampagne in der Öffentlichkeit auch unter Einbeziehung der lokalen Presse, so dass sich auch nichtjüdische Leser zur Teilnahme eingeladen fühlen. Stadträte melden sich zu Wort, eine Rätin schreibt enttäuscht, man habe „an ein schönes Gotteshaus für alle“ gedacht.

Die ganze Sache geht dem damaligen Landesrabbiner, Benjamin Soussan, zu weit. Streitigkeiten innerhalb der Gemeinde werden nicht in der Öffentlichkeit ausgetragen, sondern im Extremfall vor einem Beth-Din, einem Rabbinatsgericht geklärt. Vorher gibt es Verhandlungen unter seiner Ägide. Als Ergebnis dessen einigen sich die Parteien, der liberale und der traditionelle Flügel, abwechselnd in der Wochentagssynagoge und in der großen Synagoge zu beten. Im Laufe der Zeit wird die große Synagoge immer leerer, wenn dort die „Familiengottesdienste“ stattfinden, während sich die Betenden in der viel zu kleinen Wochentagssynagoge beinahe auf dem Schoß sitzen, so eng ist es mittlerweile vor lauter Teilnehmern geworden. Nach einem weiteren Machtwort des Rabbiners ist dann endlich der *Status quo ante* wiederhergestellt: In der großen Synagoge wird nach traditionellem Ritus gebetet, nur die Sitzordnung, die bleibt erhalten wie vordem. Dies endgültig abzuändern, bleibt einem neuen Rabbiner, Rabbi Schlesinger, auch er aus Israel, vorbehalten. Nach rund einem Jahr ist der Streit endgültig beigelegt. Abraham de Wolf verfolgt seine eigene Karriere: Er gibt nach einem weiteren Jahr 1995 seine Tätigkeit im Vorstand auf und geht nach Brüssel.

Dieser zweite Synagogenstreit kann also, im Gegensatz zum ersten, ohne die Einbeziehung weltlicher Behörden bereinigt werden, wenngleich die in der Öffentlichkeit gewaschene schmutzige Wäsche das Ansehen der Gemeinde nicht gerade gefördert hat. Diesen Streit trägt man ihr noch lange Zeit nach.

Was aber steckt hinter diesem Streit? Für Nichtjuden muss er sich eher merkwürdig ausgenommen haben. Viele meinen ja, wie die schon zitierte Stadträtin, das fürchterliche Schicksal während des Nationalsozialismus müsse alle Überlebenden enger zusammengeführt haben. Aus ihrer Sicht verdrängen die Orthodoxen alle anderen aus der Synagoge und das nur, weil es lediglich äußere Unterschiede bei der Gestaltung des Gottesdienstes gibt. „Begreife das, wer kann“, sagt die schon zitierte Stadträtin wortwörtlich in der Rhein-Neckar-Zeitung (11./23.04.1995).

Ja, was ist so schlimm daran, dass Liberale ihre Gottesdienstordnung durchsetzen möchten? Mit dem Gottesdienst ist es genauso wie mit dem koscheren Essen: Koscheres Essen kann sowohl ein orthodoxer Jude als auch ein liberaler bedenkenlos zu sich nehmen, keiner wird daran sterben. Unkoscheres Essen wird ein orthodoxer oder auch nur ein traditioneller Jude dagegen nicht anrühren, während der liberale womöglich keine Probleme damit hat.

Professor Daniel Krochmalnik, erster Vorsitzender der Jüdischen Kultusgemeinde Heidelberg von 1997 bis 2001, hat 1995 hierzu einen sehr treffenden Beitrag in der *Jüdischen Allgemeinen Zeitung* veröffentlicht, dem die nun folgenden Argumente entnommen sind, denn darin geht es um eben dieses Problem: Genau wie mit dem Essen ist es mit dem Gottesdienst, denn eigentlich ist eine traditionelle Gemeinde im besten Sinn des Wortes liberal. Hier kommen die Frömmsten und die Freiesten zum Gebet zusammen, und niemand übt religiösen Zwang aus. Zwar gelten im Gemeindezentrum die halachischen Regeln, aber außerhalb davon kann jeder leben, wie er will. Überdies ist die Religion nur eine, wenn auch wichtige Funktion der Gemeinde. Daneben hat sie noch weitere Aufgaben, denn sie kümmert sich um die Jugend, die Senioren, die Neuzugänge aus der ehemaligen Sowjetunion, also erzieht sie, leistet Kulturarbeit und Wohltätigkeit und integriert sie in die – jüdische wie nichtjüdische – Gesellschaft.

Daneben gibt es in jeder Gemeinde Unzufriedene wie linke Antizionisten, Intellektuelle auf der Suche nach ihren Wurzeln, Konvertierte ohne Erinnerungen, dafür aber mit vielen utopischen Zukunftsvorstellungen, frustrierte nichtjüdische Nachkommen aus Mischehen, kurz, Randgruppen aller Art. Heute suchen diese Menschen in „liberalen" Gemeinden nach Alternativen zur Einheitsgemeinde. Bei diesen so genannten Liberalen handelt es sich oft um kleine instabile Protestgruppen. Sie werden nicht müde, in der Öffentlichkeit ihre Botschaft zu wiederholen: Im Gegensatz zur „fundamentalistischen" und „frauenfeindlichen" Gemeinde gehe es bei ihnen „emanzipiert", „liberal", „progressiv" und „pluralistisch" zu. Damit können sie mit der Sympathie des breiten Publikums rechnen, das nur allzu bereitwillig die Mär von der Intoleranz der Religion des „Alten Testaments", wie sie es nennen, akzeptiert. Statt Separatismus und Sezessionismus in den Gemeinden empfiehlt Professor Krochmalnik, sich daran zu erinnern, dass die Synagoge in der Tradition als „kleiner Tempel" ein Ort des Opfers ist, in dem man auch schon einmal das eigene Ego dem Gemeindewohl opfert, und dass das Judentum kein System der Rechte, sondern der Pflichten ist.

Und deshalb, das ist das Fazit dieses kurzen Exkurses, sind es nicht die orthodoxen und traditionellen Gemeindemitglieder, die die Einheitsgemeinde sprengen, sondern die liberalen. Nicht die erstgenannten sind die intoleranten, denn sie akzeptieren in ihrer Mitte alle anderen, vielmehr drängen die zweitgenannten alle, die nicht wie sie leben und handeln wollen, nach draußen. Vielleicht begreift das auch die Stadträtin, wenn sie die Ausführungen oben sorgfältig liest.

Nachdem solchermaßen wieder Frieden in die Gemeinde eingekehrt ist, sei nun noch die Übersicht über ihre Geschichte bis zum Jahr 2001 vervollständigt.

## 8. Die Gemeinde wächst weiter, 1992 bis 2001

Nachdem die jüdische Gemeinde in Heidelberg genau wie alle anderen in Deutschland lange Jahre aus überwiegend alten, oft auch kranken Menschen besteht, befürchtet man, davon war schon weiter oben die Rede, ihr baldiges Aussterben. Dass es nicht dazu gekommen ist, sondern dass die Zahl der Mitglieder in den existierenden Gemeinden in die Höhe geschnellt ist und dass viele Gemeinden in Ost und West neu gegründet werden, auch da, wo es nach dem Krieg mangels Menschen keine mehr gegeben hat, die an die alte Tradition vor dem Krieg hätten anknüpfen können, ist die Folge geänderter politischer Verhältnisse, denn als sich dank Gorbatschows *Glasnost* und *Perestroika* die Grenzen des Sowjetreichs öffnen, beginnen viele, allen voran die jüdischen Sowjetbürger, ihre Heimat in Scharen zu verlassen. Das Ganze erfolgt jedoch nicht unkontrolliert, sondern geht auf Verträge zurück, die die Zuwanderung nach Deutschland regeln.

Am 9. Januar 1991 sind die Regierungschefs des Bundes und der Länder übereingekommen, die Einreise von jüdischen Emigranten aus der früheren Sowjetunion – ohne zahlenmäßige Begrenzung – zu ermöglichen. Das geschieht gemäß dem Gesetz über Maßnahmen für Flüchtlinge, die im Rahmen von humanitären Hilfsaktionen ergriffen werden. Für die Aufnahme von Juden aus der ehemaligen Sowjetunion haben Bund und Länder ein geordnetes Aufnahmeverfahren vereinbart, das seit dem 15. Februar 1991 gilt.

Bis zum Jahresende 1998 sind rund 100 000 jüdische Emigranten aus der ehemaligen Sowjetunion nach Deutschland eingereist. Die jährliche Zuwanderungsrate ist von weniger als 10 000 Personen jährlich zu Beginn der 1990er Jahre auf 15 000 bis knapp 20 000 Personen pro Jahr in der zweiten Hälfte des Jahrzehnts angestiegen.

Die Zuwanderer erhalten Eingliederungshilfen. Dazu gehört auch ein sechsmonatiger Sprachkurs. Sie werden beruflich fortgebildet oder umgeschult. Die Kontingentflüchtlinge, das ist ihr offizieller

Name, denn jedem Bundesland wird ein Kontingent von diesen jüdischen Flüchtlingen aus der ehemaligen Sowjetunion zugewiesen, haben Zugang zum Arbeitsmarkt und einen Rechtsanspruch auf eine Arbeitserlaubnis. Ansonsten genießen die jüdischen Zuwanderer keine Bevorzugung am Wohnungsmarkt, und sie haben auch keinen Anspruch auf Fremdrenten.

Gemäß dieser Vereinbarung bekommt auch Heidelberg sein Kontingent an jüdischen Zuwanderern aus der ehemaligen Sowjetunion. Das geschieht gerade rechtzeitig, um die neue Synagoge mit Menschen zu füllen, nicht nur an Feiertagen, sondern auch an einem ganz gewöhnlichen Schabbath. Bis 2001 ist die Zahl der Mitglieder der Jüdischen Kultusgemeinde in Heidelberg auf etwas über 400 gestiegen. Es gibt viele kulturelle und soziale Aktivitäten. So wird eine Kinder-, eine Jugend- und eine Seniorengruppe eingerichtet. Die Gemeinde stellt einen Sozialarbeiter in einer Ganztagsstellung und danach einen zweiten in einer Halbtagsstelle ein, bis zum Jahr 2005 gibt es sogar einen Rabbiner, Rabbi Kalev Krelin, der genau wie die Zuwanderer aus Russland stammt und somit fließend Russisch spricht, und einen gewählten Vorstand, in dem seit 2001 drei von fünf Vorstandsmitgliedern, später alle fünf Vorstände Russisch als Muttersprache haben.

So könnte alles beim Besten sein, gäbe es da nicht den Erlass des Innenministeriums Baden-Württemberg vom 26.01.1999, der vorsieht, dass jüdische Emigranten ab dem 01.04.1999 sämtlichen unteren Aufnahmebehörden in Baden-Württemberg zugeteilt werden, was bedeutet, dass jüdische Emigranten nicht mehr nur in Städte mit gut funktionierenden jüdischen Gemeinden kommen, in denen für ihre gesellschaftliche und religiöse Integration alles bereit steht. Nein, vom 1. April 1999 an wird ein Großteil der jüdischen Emigranten auf 35 Landkreise verteilt, in denen es keinerlei Infrastruktur für eine jüdische Gemeinde gibt, die teilweise so weit von der nächsten jüdischen Gemeinde entfernt liegen, dass die Menschen nicht in die Gemeinde kommen und auch ihre Kinder nicht zum jüdischen Religionsunterricht in die Gemeinde schicken können. Mehr als einmal fallen jüdische Emigranten, in den kleinen Orten völlig auf sich allein gestellt, christlichen Missionaren in die Hände, ohne dass es ihnen weiter auffällt!

Die dritte Heidelberger Synagoge. Neues Leben in der Gemeinde:

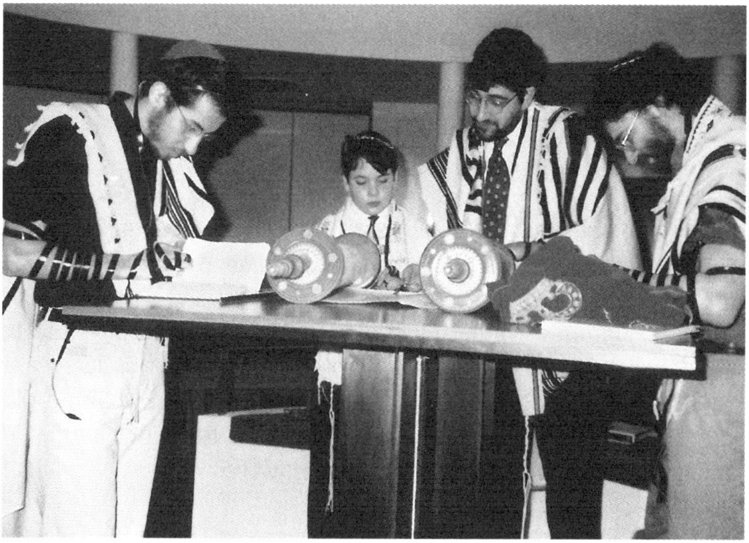

Abb. 48: Ya'ir legt am Donnerstag vor seiner Bar-Mitzva am Schabbath zum ersten Mal öffentlich Tfillin („Gebetskapseln") an. 1995.

Abb. 49: Die Bat-Mitzva von Anna. 1995.

Anträge des Oberrats der Israeliten Badens, eine Regelung ähnlich wie in Bayern einzuführen, wo Juden nur in Orte kommen, in denen es bereits eine jüdische Gemeinde gibt, während die anderen Gemeinden an die die Zuwanderer betreuenden Städte eine Ausgleichszahlung leisten, damit die letztgenannten nicht einseitig belastet werden, wurden vom Landkreistag Baden-Württemberg bisher kategorisch abgelehnt.

Das hat zur Folge, dass diese Menschen zwar aus der ehemaligen Sowjetunion ausreisen dürfen, weil sie Juden sind; wenn sie jedoch das Pech haben, einem anderen Bundesland als Bayern zugeteilt zu werden, können sie, nun nicht mehr als Juden verfolgt, nicht als Juden leben und ihre Kinder nicht als Juden aufziehen, ganz einfach, weil die nächste jüdische Gemeinde zu weit entfernt ist, sodass diese keine Möglichkeit hat, die Zuwanderer zu betreuen, während die Zuwanderer aus finanziellen Gründen die weit entlegenen jüdischen Gemeinden nicht regelmäßig, wie sie es sonst tun würden, aufsuchen können.

Damit aber nicht genug. Im Zuge der sozialen Reformen, die auf die Verkündigung der „Agenda 2010" im Jahr 2003 gefolgt sind, wurden die Gelder, die die Stadt Heidelberg der Jüdischen Kultusgemeinde Heidelberg für ihre Integrationsarbeit der jüdischen Kontingentflüchtlinge überweist, auf zehn Prozent des erst 2000 zwischen Gemeinde und Stadt vereinbarten Betrags abgesenkt. Das hat zur Folge, dass die jüdische Gemeinde sich für ihre bemerkenswerte Integrationsarbeit, die sie der Stadt abnimmt, knapp eine halbe Stelle für einen des Deutschen und des Russischen mächtigen Sozialarbeiters leisten kann.

Dass die jüdischen Zuwanderer, selbst wenn sie nicht orthodox sind, regelmäßig zum Schabbath und zu den Feiertagen, aber auch zu den vielfältigen kulturellen Veranstaltungen dort in die Gemeinde kommen, beweist ein Blick in die Synagoge und den Gemeindesaal. Bevor die „Russen", wie sie liebevoll genannt werden, in Deutschland eintrafen, ist es mehr als einmal vorgekommen, dass sich zu einem Gottesdienst kein Minjan, also nicht die nötige Zahl von zehn religionsmündigen Männern einfand. Das ist seither, selbst in den Sommermonaten, nicht mehr vorgekommen. Ebenso nehmen am Gottesdienst und am Kiddusch danach am Freitag Abend regelmäßig mindestens sechzig bis siebzig Mitglieder teil. Diese Zahl wäre sicher noch höher, wenn die Jüdische Kultusgemeinde Heidelberg auch all jene Emigrantenm, die auf 35 Landgemeinden verteilt sind, so wirksam betreuen könnte, wie das bei jenen der Fall ist, die in Heidelberg und seinen Vororten leben.

# III. Anhänge zum Rundgang durch das jüdische Heidelberg

## 1. Glossar hebräischer Fachbegriffe

*Alija*, die: hebr. „Hinaufgehen/-steigen" bezeichnet die Einwanderung nach Israel.

*Amud*, die: hebr. „Säule" mit Lesepult, an der der Vorbeter das Morgengebet sagt.

*Aron ha-kodesch*, der: hebr. „die heilige Lade". Sie erinnert an die Bundeslade, in der die Gesetzestafeln aufbewahrt wurden; heute wird damit der Schrank an der Ostseite einer Synagoge bezeichnet, in dem eine Gemeinde ihre Thora-Rollen aufbewahrt.

*Ba'al koré*, der: hebr. „der Vorleser", der Rabbiner, Vorbeter oder ein Gemeindemitglied, die aus der Thora vorlesen können.

*Bar-Mitzva*, der: hebr. „Sohn der Pflicht". Ein dreizehnjähriger Junge wird religionsmündig und übernimmt alle Rechte und Pflichten eines Juden.

*Bat-Mitzva*, die: hebr.: „Tochter der Pflicht". Ein zwölfjähriges Mädchen wird religionsmündig und übernimmt damit alle Rechte und Pflichten, die ihm als Frau obliegen.

*Be-Reschit:* hebr: „Am Anfang". Mit diesen Worten beginnt das 1. Buch Mose auf Hebräisch.

*Beth ha-Chajim*, das: hebr. „Haus des Lebens", einer von drei Namen für einen jüdischen Friedhof.

*Beth-Kwarot*, das: „Haus der Gräber", ein weiterer Namen für einen jüdischen Friedhof.

*Beth-Olam*, das: hebr. „Haus der Ewigkeit", der dritte Name für einen jüdischen Friedhof.

*Beth ha-Knesset*, das: hebr. „Haus der Versammlung" ist einer der drei Namen für eine Synagoge.

*Beth-Din*, das: hebr., Rabbinatsgericht.

*Beth-Midrasch*, das: hebr.: „Haus der Lehre, des Studiums". kurz: „Lehrhaus", ein zweiter Name für die Synagoge.

*Beth-Tfila*, das: hebr. „Haus des Gebets", ein weiterer Name für die Synagoge.

*Bima*, die: hebr. „Podium", auf dem die Thora-Lesung stattfindet. In aschkenasischen Gemeinden steht sie in der Mitte der Synagoge, in sefardischen Gemeinden meistens an der Westseite gegenüber dem Thora-Schrein an der Ostseite und in liberalen Gemeinden ganz dicht vor dem Thora-Schrein.

*Brith-Mila*, die: hebr. „Zeichen des Bundes"; die Beschneidung eines acht Tage alten Jungen.

*Chanukka*(-Fest), das: hebr. „Einweihung". Das achttägige Fest, das nach dem hebräischen Kalender am 25. des Monats Kislew beginnt. Es erinnert an die erneute Einweihung des Tempels in Jerusalem nach dem Sieg der Makkabäer über die syrischen Seleukiden im Jahr 165 v.d.Z.

*Chewra Kaddischa*, die: hebr. „fromme Bruderschaft". Damit ist die jüdische Beerdigungsgesellschaft gemeint.

*Dajan*, der: hebr. „Richter". Ein Rabbiner ist meistens auch ein Richter in halachischen Fragen.

*Gemara*, die: hebr. das „Erlernte, Vollendete". Der Text der Gemara behandelt u.a. Fragen der Halacha (siehe unten) und Fragen zu Aberglaube, Astronomie, Folklore, Sagen, Volksmedizin und enthält Geschichten zum Leben der Rabbiner.

*Halacha*, die: hebr., die Religionsvorschriften, nach denen ein frommer Jude lebt.

*Jeschiwa*, die: hebr. „Talmuld/Thora-Schule", eine Hochschule, an der traditionelle Juden studieren und ihre Ordination zum Rabbiner und Dajan erhalten.

*Jom Kippur,* der: hebr., der „Versöhnungstag", der höchste Schabbath des Jahres, an dem man sich mit den Menschen und mit Gott versöhnt.

*Kaddisch*, das: hebr.; eigentlich ein Lob auf Gott, den Schöpfer, das zum Gedächtnis an einen Toten gesagt wird.

*Kaschruth*, die: hebr. „rituelle Eignung".

*Kiddusch*, der: hebr., der Segen über Wein, den ein Jude am Schabbath und an jüdischen Feiertagen sagt; *auch:* die gemeinsame Mahlzeit nach dem Gottesdienst, entweder in der Gemeinde oder im Haus eines Juden.

*Kippa*, die, Pl. *Kippot:* hebr., die kleine Kappe, mit der ein traditioneller Jude seinen Kopf bedeckt.

*Koscher:* rituell essbar; bezieht sich auf das Fleisch von Tieren, die Wiederkäuer sind und gleichzeitig gespaltene Hufe haben, sowie auf Fische, die Schuppen und auch Flossen haben.

*Kuch*, das, Pl. *Kuchim*: hebr., Schiebegräber oder Grabhöhlen.

*Le-Chajim:* hebr. „Auf das Leben" wünscht man sich auf Hebräisch, wo man im Deutschen „Prost!" sagen würde.

*Maschgi'ach Kaschruth*, der: hebr. „Aufseher". Er überwacht die Kaschruth in einer Küche.

*Menaker*, der: hebr. auch „der Schächter". Er entfernt nach dem Schlachten all jene Teile des Tieres, deren Genuss Juden verboten ist.

*Menora*, die: hebr., der siebenarmige Leuchter, der im Tempel in Jerusalem stand und seither ein beliebtes jüdisches Symbol geworden ist. Allerdings darf er aus Achtung vor seinem heiligen Vorbild nur in abstrahierter Form wiedergegeben werden.

*Mihrab*, der: ar., die Gebetsnische der Moschee. Sie zeigt die Gebetsrichtung an.

*Mikve*, die, Pl. *Mikvaot*: hebr., das jüdische Ritualbad, das sowohl von Männern als auch von Frauen regelmäßig benutzt wird.

*Minhag*, der: hebr. „Sitte, Brauch"; es gibt für einen traditionellen Juden Pflichten, die Mitzvot, und eben den Minhag, der sich für eine bestimmte Handlung eingebürgert hat.

*Minjan,* der: hebr., ein Quorum von mindestens zehn religionsmündigen Männern, ohne das kein gemeinsames Gebet stattfinden kann.

*Mischna,* die: hebr. „Lernen, Wiederholung". Sammlung von Lehrsätzen der mündlichen Thora, kompiliert im 2. Jahrhundert d. Z. in Judäa von Rabbi Jehuda ha-Nassi. Sie bildet den Kern des Talmuds.

*Mitzva,* die, Pl. *Mitzvot*: hebr. die „Pflicht". Die Thora enthält insgesamt 613 Gebote und Verbote, die ein Jude befolgen sollte.

*Mohel,* der: hebr. der Mann, meistens ein spezialisierter Rabbiner, der die rituelle Beschneidung eines acht Tage alten Jungen vornimmt.

*Nartik,* siehe *Tik* unten.

*Ner tamid,* das: hebr. das „ewige Licht". In jeder Synagoge hängt über oder vor dem Thora-Schrein solch eine Lampe, die, wie ihr Name besagt, stets brennt, solange die Synagoge, in der sie hängt, als Ort des Gebets, der Lehre und der Versammlung in Gebrauch ist.

*Parascha,* die: hebr. „Kapitel, Abschnitt", hier als *Paraschat ha-Schawu'a*, einer von den 54 Wochenabschnitten, die an einem Schabbath in der Synagoge beim Gottesdienst gelesen werden.

*Parochet,* der: hebr. „Vorhang" vor dem Thora-Schrein; meistens aus kostbaren Stoffen wie Samt, dann reich mit jüdischen Symbolen bestickt, oder auch aus Seide wie in Heidelberg.

*Parve:* hebr. „neutral", nicht fleischig und nicht milchig.

*Pessach,* das: hebr. „Vorübergehen", wie es auf Deutsch heißt, erinnert an den Todesengel bzw. Gott, der an den Türen der Israeliten vorüberging; damit wird des Auszugs der hebräischen Sklaven aus Ägpyten in die Freiheit gedacht.

*Purim,* das: pers. „Los", das Fest, das das Überleben der Juden im Perserreich zur Zeit Xerxes' wie einen Karneval mit Verkleiden und Masken feiert.

*Rimmon,* der, Pl. *Rimmonim:* hebr. „Granatapfel", hier: der Silberschmuck, der auf die beiden Stäbe der Thora-Rolle gesetzt wird.

*Rosch ha-Schana,* das: hebr., der „Kopf des Jahres", das jüdische Neujahrsfest im September/Oktober.

*Schawuot,* das: hebr., das „Wochenfest" findet 50 Tage nach dem Pessach-Fest statt und gedenkt der Annahme der zehn Gebote und der Thora, der „Lehre" am Fuß des Berges Sinai durch die Israeliten.

*Schiw'a,* die: hebr. „Schiw'a sitzen", die sieben Trauertage, die eine Familie nach der Beerdigung eines nahen Verwandten einhält.

*Schochet,* der: hebr. der „Schächter", der koschere Tiere gemäß der Halacha so schlachtet, dass ihr Fleisch für Juden genießbar ist.

*Schofar,* das: hebr. „Widderhorn". Es wird am jüdischen Neujahrstag und am Versöhnungstag geblasen; es soll die Ankunft des Messias und den Tag des Jüngsten Gerichts verkünden.

*Schtadlan,* der, Pl. *Schtadlanim*: hebr. „Lobbyist".

*Simchat-Thora,* die: hebr. „Gesetzesfreude", der letzte Tag des Laubhüttenfestes, an dem ein Zyklus von Thora-Lesungen beendet und der neue begonnen wird.

*Sukkot*(-Fest), das: hebr. „Laubhütte“. In Laubhütten wohnten die Israeliten auf ihrer Wanderung durch die Wüste. Daran erinnert dieses Fest, das gleichzeitig ein Erntedankfest ist.

*Talmud*, der: hebr. „Lernen, Lehre, Studium“. Der Text des Talmuds besteht aus der Mischna (siehe weiter oben) und der Gemara (siehe weiter oben). Es gibt zwei Versionen: den Jerusalemer Talmud, im Land Israel entstanden und gegen Ende des 5. Jahrhunderts abgeschlossen. Der Babylonische Talmud, der umfangreicher als der Jerusalemer ist, enthält die Responsa von Rabbinern und Thora-Gelehrten aus ungefähr tausend Jahren.

*Tass,* der: hebr., der „Schild“, oft aus Silber kunstvoll gearbeitet, der um den Thora-Mantel gehängt wird und an den Brustschild des Hohenpriesters im Tempel von Jerusalem erinnern soll.

*Thora,* die: hebr. die „Lehre“, der Pentateuch, auch die fünf Bücher Mose genannt.

*Tik,* die: hebr., die feste Hülle, oft aus kostbarem Metall kunstvoll gearbeitet, in der in sefardischen Gemeinden die Thora-Rolle aufbewahrt wird.

*Trefe:* hebr. „rituell unrein“. Erfüllt etwas nicht die halachischen Vorschriften der Kaschruth, ist es unrein und darf von einem Juden nicht gegessen werden.

## 2. Liste der provisorischen Beträume 1945-1994

1. Frühjahr 1945: Klingenteichstraße 4, Heidelberg.
   Gottesdienste an den hohen jüdischen Feiertagen der Heidelberger Gemeinde und den jüdischen Mitgliedern der amerikanischen Armee finden unter Leitung des Armeerabbiners im „Capitol"-Kino in der Bergheimer Straße statt.
2. Ab 1. September 1946: Häusserstraße 10-12, Heidelberg.
   Von der feierlichen Einweihung existiert ein Programm, das im Text (Abb. 47) reproduziert wurde.
3. Ab 1976: Rohrbacher Straße 18, Heidelberg.
4. 14. Juni 1986: Einweihung des neuen Betraums in der Sophienstraße 9, im Darmstädter Zentrum, Heidelberg.
5. 9. Januar 1994: Feierliche Einweihung der neuen Synagoge in der Häusserstraße 10-12, Heidelberg; s. dazu das Programm (Abb. 35).

## 3. Liste der Vorstandsmitglieder 1988 bis 2001:

(Die Vorstände von 1945 bis 1988 wurden bereits in anderen Veröffentlichungen namentlich erwähnt, die Vorstände nach 2001 wären in einer weiterführenden Veröffentlichung zu nennen.)

1988-1989: 1. Vorsitzender: Guido Shamir;
Sharon Levinson, Tuvia Kwassmann, George Friedmann, Ephraim Ellenbogen.

1990-1992: 1. Vorsitzender: Henry Soussan;
Guido Shamir, George Friedmann.

1992-1994: 1. Vorsitzender: Abraham de Wolf,
2. Vorsitzende: Martine Beels;
Angela Weil, Steven Less, Michael Green.

1994-1995: 1. Vorsitzender: C.S. Ehrlich,
2. Vorsitzende Martine Beels;
Michael Green, A. Rabinovich, Abraham de Wolf.

1995-1997: 1. Vorsitzender: Leo Friedmann,
2. Vorsitzende: Martine Beels;
Paul Ellenbogen, Michael Green, Shuki Ziv-Silbermann.

1997-1999: 1. Vorsitzender: Dr. Daniel Krochmalnik,
2. Vorsitzender: Iché Soudry;
Rosa Friedmann, Dr. Lazar Brojtman, Paul Ellenbogen.

1999-2001: 1. Vorsitzender: Prof. Dr. Daniel Krochmalnik,
2. Vorsitzender: Dr. Lazar Brojtmann;
Miriam Magall, Rosa Friedmann, Paul Ellenbogen.

## 4. Weiterführende Literatur


1. Abgestempelt. Judenfeindliche Postkarten. Auf der Grundlage der Sammlung Wolfgang Haney. Kataloge der Museumsstiftung Post und Telekommunikation. Bd. 4. Frankfurt am Main 1999.
2. Art in the Jewish Tradition. Text und Anmerkungen von Silvio G. Cusin, Vorwort von Umberto Nahon. Mailand 1963.
3. Avi-Yonah, Michael (Hrsg.): Encyclopaedia of Archaeological Excavations in the Holy Land. Bde. I-IV. Jerusalem 1975. London 1976.
4. Avigad, Nahman: Excavations at Beth She'arim during 1953-1958. Jerusalem 1959.
5. Barnavi, Eli (Hrsg.): Universale Geschichte der Juden. Von den Ursprüngen bis zur Gegenwart. Ein historischer Atlas. Wien 1993.
6. Benz, Wolfgang: Die Juden in Deutschland 1933-1945. Leben unter nationalsozialistischer Herrschaft. Dritte, durchgesehene Auflage. München 1993.
7. Blum, Peter (Hrsg.): Geschichte der Juden in Heidelberg. Heidelberg 1996.
8. Böcher, Otto: Der alte Judenfriedhof zu Worms. Rheinische Kunststätten. Heft 148. 7. Auflage. 1992.
9. Böcher, Otto: Die alte Synagoge zu Worms. Hrsg. v. E. Roth. Frankfurt am Main 1961.
10. Carlebach, J. (Hrsg.): Zur Geschichte der jüdischen Frau in Deutschland. Berlin 1993.
11. Deutsches Architektur Museum: In einem neuen Geiste. In A New Spirit. Synagogen von The Synagogues of Alfred Jacoby. Frankfurt am Main 2002.
12. Dick, J./Sassenberg, M. (Hrsg.): Jüdische Frauen im 19. und 20. Jahrhundert. Lexikon zu Leben und Werk. Reinbek bei Hamburg 1993.
13. Eban, Abba: Dies ist mein Volk. Zürich 1970.
14. Eschwege, Helmut: Die Synagoge in der deutschen Geschichte. Wiesbaden 1980.
15. Feuchtwanger, Lion: Jud Süß. 1. Auflage. Berlin 2002.
16. Folberg, Neil: Dass ich mitten unter ihnen wohne. Historische Synagogen. Mit einem Essay von Yom Tov Assis. Frankfurt am Main 1996.
17. Geschichte der Juden in Heidelberg, mit Beiträgen von A. Cser, u. a. Heidelberg 1996.
18. Gidal, Nachum T.: Die Juden in Deutschland von der Römerzeit bis zur Weimarer Republik. Köln 1997.
19. Gilbert, Martin: Das jüdische Jahrhundert. München 2001.
20. Giovannini, N./Bauer, J. H./Mumm, H. M. (Hrsg.): Jüdisches Leben in Heidelberg. Heidelberg 1992.
21. Giovannini, N./Moraw. F.: Erinnertes Leben. Autobiographische Texte zur jüdischen Geschichte Heidelbergs. Heidelberg 1998.
22. Glagau, Otto: Der Bankrott des Nationalliberalismus. 3. Auflage. Berlin 1878.
23. Graetz, M./Künzl, H. (Hrsg.): Vom Mittelalter in die Neuzeit. Jüdische Städtebilder. Frankfurt - Prag - Amsterdam. Heidelberg 1999.

24. Hirsch, Rudolf/Schuder, Rosemarie: Der gelbe Fleck. Wurzeln und Wirkungen des Judenhasses in der deutschen Geschichte. Köln 1999.
25. Jüdisches Leben in Deutschland. Siebzehn Gespräche. Geführt, hersg. u. mit einem Vorwort versehen v. Ingrid Wiltmann. Frankfurt am Main 1999.
26. Krinsky, Carol Herselle: Europas Synagogen. Architektur, Geschichte und Bedeutung. Stuttgart 1988.
27. Künzl, Hannelore: Jüdische Grabkunst. Von der Antike bis heute. Darmstadt 1999.
28. Lagarde, Paul: Ausgewählte Schriften. Juden und Indogermanen. München 1921.
29. Lagarde, Paul de: Deutsche Schriften über das Verhältnis des deutschen Staates zur Theologie... 4. Auflage. Göttingen 1903.
30. Lau, Israel. M.: Wie Juden leben. Glaube. Alltag. Feste. 2. bearbeitete Auflage, Gütersloh 1990.
31. Lehmann, Hermann W.: Die so genannte Judenschule. Sozialgeschichte eines Hauses. Heidelberg 2001.
32. Lehmann, Hermann: Die Schwabenburse, in: Die Häuser der Judengasse in Heidelberg. Heft 1. Heidelberg 1996.
33. Levinson, Pnina Navè: Was wurde aus Saras Töchtern? Frauen im Judentum. Gütersloh 1989.
34. Löslein, Barbara: Geschichte der Heidelberger Synagogen. Kunsthistorisches Institut der Universität Heidelberg. Veröffentlichungen zur Heidelberger Altstadt. Hg. v. Peter Anselm Riedl. Heft 26. 1992
35. Magall, Miriam: Archäologie und Bibel. Wissenschaftliche Wege zur Welt des Alten Testaments. Köln 1986.
36. Magall, Miriam: Kleine Geschichte der jüdischen Kunst. Köln 1984; überarbeitete und stark erweiterte Ausgabe Wiesbaden 2005.
37. Mönninghoff, Wolfgang: Enteignung der Juden. Wunder der Wirtschaft. Erbe der Deutschen. Wien 2001.
38. Mussgnug, Dorothee: Die vertriebenen Heidelberger Dozenten. Zur Geschichte der Ruprecht-Karls-Universität nach 1933. Heidelberger Abhandlungen zur Mittleren und Neueren Geschichte. Neue Folge. Bd. 2. Heidelberg 1988.
39. Naor, Mordecai: Eretz Israel. Das zwanzigste Jahrhundert. Köln 1998.
40. Poliakov, Léon: Geschichte des Antisemitismus, VI. Emanzipation und Rassenwahn. Worms 1987.
41. Roth., Cecil: Die Kunst der Juden. 2 Bde. Frankfurt am Main 1963.
42. Ruuskanen, Leena: Der Heidelberger Bergfriedhof. Kulturgeschichte und Grabkultur. Ausgewählte Grabstätten. Heidelberg 1992.
43. Schoeps. H. J./Schlör, J. (Hrsg.): Bilder der Judenfeindschaft. Antisemitismus. Vorurteile und Mythen. Augsburg 1999.
44. Schoeps, H. Julius (Hrsg.): Neues Lexikon des Judentums. Gütersloh/München 1998.
45. Sukenik, E. L.: The Ancient Synagogue of Beth Alpha. Jerusalem 1932.

46. Toch, Michael: Die Juden im mittelalterlichen Reich. Enzyklopädie deutscher Geschichte. Bd. 44. München 1998.
47. Volkow, Shulamit: Die Juden in Deutschland 1780-1918. Enzyklopädie deutscher Geschichte. Bd. 16. zweite, verbesserte Auflage, München 2000.
48. Walter, Frank: Hofprediger Alfred Stoecker und die christlich-soziale Bewegung. 2. Auflage. Hamburg 1935.
49. Zimmermann, Moshe: Die deutschen Juden 1914-1945. Enzyklopädie deutscher Geschichte. Bd. 43. München 1997.
50. Ziwes, F.-J. (Hrsg.): Badische Synagogen aus der Zeit von Großherzog Friedrich I. in zeitgenössischen Photographien. Karlsruhe 1997.

## 5. Liste der Abbildungen

# 6. Dank und Bildnachweis

## *6.1 Dank*

Da dieses Buch sowohl halachische als auch historische bzw- kunsthistorische Fragen behandelt, war es der Verfasserin wichtig, alle diesbezüglichen Angaben durch kompetente Fachleute überprüfen zu lassen.

Deshalb gilt ihr Dank als Erstem Herrn Rabbiner Jakob Ebert, heute Gemeinderabbiner der jüdischen Gemeinde in Würzburg, der sich freundlicherweise bereit erklärt hat, ihr Manuskript durchzulesen und dabei sein Augenmerk auf alle darin besprochenen halachischen Punkte zu richten. Herr Rabbiner Ebert war Gemeinderabbiner der Jüdischen Kultusgemeinde Heidelberg, als Herr Professor Krochmalnik ihr erster Vorsitzender und die Verfasserin dieser Zeilen Mitglied ihres Vorstands war.

Herrn Professor Dr. Daniel Krochmalnik von der Hochschule für Jüdische Studien in Heidelberg dankt die Verfasserin für seine Bereitschaft, das gesamte Manuskript kritisch zu überprüfen und insbesondere die neuere Geschichte der Jüdischen Kultusgemeinde Heidelberg unter die Lupe zu nehmen, denn er hat sie als ihr erster Vorsitzender entscheidend mitgeprägt.

Einen kritischen Blick auf die kunsthistorischen Beschreibungen hat Herr Professor Dr. Michael Hesse vom Kunsthistorischen Institut der Universität Heidelberg geworfen. Dafür und für sein freundliches Vorwort dankt ihm die Verfasserin ganz herzlich.

Und schließlich kommt Herrn Marcus Schroll, heute Religionslehrer der israelitischen Kultusgemeinde München, ein besonderer Dank zu. Er hat sich mit dem Inhalt des Manuskripts aus der Sicht eines ehemaligen Gemeindemitglieds und Studenten an der Hochschule für Jüdische Studien und natürlich auch als intimer Kenner des jüdischen Heidelbergs befasst.

Alle vier haben der Bitte der Verfasserin dieser Zeilen entsprochen und nach dem Lesen des Manuskripts Verbesserungsvorschläge gemacht, die von der Verfasserin dankbar angenommen wurden.

Gedankt sei auch den Fotografen, deren Aufnahmen diesen Band zieren. Als Erster wäre Michail Krutojarski zu erwähnen. Er ist, wie viele heutige Mitglieder der Jüdischen Kultusgemeinde Heidelberg, um 1990 aus der ehemaligen Sowjetunion nach Deutschland und hier nach Heidelberg gekommen, um sich in Freiheit und ohne Angst vor Schikanen einer jüdischen Gemeinde anschließen zu können. Herr Krutojarski ist professioneller Fotograf. Wegen seines fortgeschrittenen Alters hat er, genau wie viele andere neue Mitglieder der Gemeinde, keine Arbeit in seinem Beruf gefunden. Aber er hat der Gemeinde treu als „Hoffotograf" gedient und war stets zur Stelle, wenn eine Feier oder ein sonstiges wichtiges Ereignis für die Nachwelt festzuhalten war.

Ganz am Anfang seiner beruflichen Laufbahn steht dagegen der junge angehende Regisseur und Fotograf Ya'ir Gabriel Magall. Er war seit dem Alter von sechs

Jahren Mitglied der Jüdischen Kultusgemeinde und ist in und mit ihr gewachsen. Hier hat er seine Bar-Mitzva begangen, und hier hat er seine ersten Fotografien gemacht.

Dank gebührt auch Yvonne Weber für ihre Bereitschaft, speziell für die Verfasserin dieser Zeilen noch einmal auf den neugestalteten Synagogenplatz zu gehen und für sie den ganzen Platz zusammen mit der Infotafel und der großen bronzenen Gedenktafel aufzunehmen. Aus ihren zahlreichen Aufnahmen wurde, so hofft die Verfasserin, das gelungenste und aussagekräftigste Bild ausgewählt.

Allen drei Fotografen sei an dieser Stelle sehr herzlich für ihre schönen Bilder gedankt, ohne die dieser Band langweilig wäre.

## *6.2 Bildnachweis:*

Badisches Generallandesarchiv, Karlsruhe 1, 2, 3, 4, 5
M. Krutojarski, Heidelberg 30, 31, 33, 48, 49
Kurpfälzisches Museum, Heidelberg 11
M. Magall, München 10, 19, 23, 24, 25, 26, 27, 35, 44, 45, 46
Y. G. Magall, München Titelblatt, 6, 12, 13, 14, 15, 16, 17, 20, 22, 28, 29, 32, 34, 36, 37, 38, 39, 40, 41, 47
Rieger-Design, Heidelberg 42
Stadtarchiv Heidelberg 8, 21
Stadtarchiv/-bibliothek Nürnberg 18, 43
Städte-Verlag E. v.Wagner & J. Mitterhuber GmbH, Fellbach 50
Universitätsbibliothek Heidelberg 7
Y. Weber, Gaiberg 9

## BILDLEGENDE

1 Alter Synagogenplatz und zweite Synagoge
Große Mantelgasse

2 Gasthaus »Zum Goldenen Ross« · Am Heumarkt

3 Erste Synagoge
Untere Straße/Ecke Judengasse (heute Dreikönigstraße)

4 »Judengasse« · Dreikönigstraße

5 Rathaus · Hauptstraße

6 Haus der Familie Oppenheimer · Ingrimstraße 8

7 Haus des Feist Oppenheimer · Merianstraße 3

8 Universität Heidelberg

9 Erster jüdischer Friedhof · Plöck

10 Zweiter jüdischer Friedhof · Am Klingenteichtor

11 Zentralarchiv · Bienenstraße 5

12 Hochschule für jüdische Studien · Friedrichstraße 9

13 Dritte Synagoge · Häusserstraße 10–12 (Weststadt)

14 Dritter jüdischer Friedhof · Bergfriedhof (Weststadt)